Dieter Birnbacher | Klimaethik

Dieter Birnbacher
Klimaethik

Nach uns die Sintflut?

Reclam

Alle Rechte vorbehalten
© 2016 Philipp Reclam jun. GmbH & Co. KG, Stuttgart
Umschlaggestaltung: ZERO Werbeagentur, München
Gesamtherstellung: Reclam, Ditzingen
Printed in Germany 2016
RECLAM ist eine eingetragene Marke
der Philipp Reclam jun. GmbH & Co. KG, Stuttgart
ISBN 978-3-15-011079-9

Auch als E-Book erhältlich

www.reclam.de

MIX
Papier aus verantwor-
tungsvollen Quellen
FSC® C105673

Inhalt

1. »Klimaethik«? 7
   Kritik an der Idee einer Klimaethik 11
   Ungewissheit 15

2. Is it too late? 18
   Der Befund 19
   Was folgt? 25
   Technische Optionen 27
   Politische Optionen 30

3. Klimaethik: drei Ebenen 37
   Ideale Klimaethik als leitende Utopie 46
   Vorrang für die Ärmsten 54

4. Wie weit reichen Solidaritätspflichten? 62
   Nah und fern 64
   Zukünftige Generationen 70
   Die Zukunft und das Klimaproblem 85
   Gravierendes Übel bei räumlich und emotional Fernstehenden 89

5. Nichtideale Klimaethik – eine Annäherung 94
   Eine konsequenzialistische Menschenrechtsethik 96
   Verantwortungsverteilung als Gerechtigkeitsproblem 103
   Regeln der Verantwortungsverteilung 107

Verursacherprinzip versus Leistungsfähigkeitsprinzip 113
Die UN-Klimastrategie und das GDRF 123

6. Individuelle Verantwortung? 128

    Haupt- und Mitverantwortung 133
    Direkte versus indirekte Verantwortung 138
    Das Problem der minimalen Beiträge 140

7. Das Motivationsproblem 150

    Worte und Taten 151
    Indirekte Motivatoren 159
    Selbstbindung durch/von Institutionen 163

Anmerkungen 169

Literaturhinweise 178

Glossar 185

1. »Klimaethik«?

»Klimaethik« – diese Wortschöpfung steht unter dem Anfangsverdacht, wenig mehr als eine Anpassung an einen intellektuellen Modetrend zu sein. Sie scheint eher dem Wunsch nach plakativer Aktualität zu entspringen als sachlicher Notwendigkeit. Lassen sich die ethischen Fragen, die sich im Zusammenhang mit dem Klimawandel stellen, nicht auch unter dem seit längerem eingeführten Titel »Umweltethik« verhandeln? Immerhin sind die klimatischen Verhältnisse ein Teil – sogar ein wesentlicher Teil – der natürlichen Umwelt. Gibt es Besonderheiten der ethischen Fragen um das Klima, die es rechtfertigen, von einer »Klimaethik« zu sprechen? Oder anders gefragt: Wenn »Klimaethik«, warum nicht dann auch »Wasser-« oder »Luftethik«?

In der Tat stellen sich viele der ethischen Fragen, die der Klimawandel aufwirft, auch für andere Umweltprobleme. Dazu gehören zuallererst Fragen der *Verteilungsgerechtigkeit*. Hauptverursacher und Hauptbetroffene sind nur in Ausnahmefällen identisch, und zu großen Teilen sind vom Klimawandel diejenigen am stärksten betroffen, die bereits aus anderen Gründen schlechtergestellt sind als dessen Verursacher. Es gibt noch eine weitere Eigentümlichkeit, die Klimaveränderungen mit vielen »klassischen« Umweltproblemen wie Luftverschmutzung und Gewässerverunreinigung gemeinsam haben: Damit es zu Schädigungen kommt, muss eine Vielzahl von einzelnen Verursachern zusammenwirken, und wen dieser Schaden trifft, ist für die Schädiger nur selten vorhersehbar. Jedes Kraftwerk, das Kohle, Gas oder Öl verbrennt, trägt mit seinen Emissionen zum Klimawandel bei und damit zur Erhöhung der Häufigkeit von sommerlichen Hitzewellen, in deren Folge Menschen sterben, die andernfalls leben würden. Aber anders als bei einem Autofahrer, der fahrlässig den Tod eines Passanten verschuldet, erscheint es problematisch, dem Betreiber des Kraftwerks dieselbe Verantwortlichkeit für den Tod eines dieser »Hitzetoten« zuzuschreiben. Zwischen Schädiger und Geschädigtem besteht keine eindeutige Kausalrelation. Die Verursachung erscheint zu sehr »verdünnt«, um eine problemlose Zuordnung von Täter und Opfer zuzulassen. Ähnliches gilt für die Millionen von Autofahrern, die durch ihren Auspuff Schadstoffe in die Atemluft emittieren, in deren Folge ein an einer Durchgangsstraße wohnender Asthmakranker den Tod findet.

Trotz dieser und anderer Gemeinsamkeiten gibt es gute Gründe, die Klimaethik aus dem Großkomplex der Umweltethik herauszulösen und zu einem eigenständigen Thema zu machen. Die ethischen Fragen, die der Klimawandel aufwirft, berühren in höherem Maß Grundlagenfragen der angewandten Ethik als die ethischen Fragen im Zusammenhang mit anderen Umweltproblemen. Berührt ist vor allem die grundsätzliche Frage der *Reichweite* individueller und kollektiver moralischer Verpflichtungen in räumlicher und zeitlicher Hinsicht. Umweltbelastungen durch Schadstoffe und Lärm werden typischerweise relativ unmittelbar als Belastungen wahrgenommen. Entweder sind sie sensorisch präsent – man kann sie sehen, riechen oder hören –, oder sie wirken sich in Störungen der subjektiven Befindlichkeit aus, wie sie für umweltbelastete Regionen charakteristisch sind: Atemnot, Übelkeit, Erkältungskrankheiten, unspezifische Müdigkeit. Klimaprobleme sind typischerweise anderer Art. Sie sind Probleme der Umwelt, aber nicht der Welt des unmittelbaren Erlebens. Die Wirkungen machen sich zeitlich verzögert bemerkbar und lassen sich ihren Ursachen oft nur aufgrund von Expertenwissen zuordnen. Außerdem sind sie größtenteils unumkehrbar, belasten also nicht nur die Gegenwart, sondern alle in Zukunft lebenden Generationen.

Ein weiteres Merkmal, durch das sich Klimaschäden von der Mehrzahl der Umweltschäden unterscheiden, ist, dass sie sich typischerweise an Orten fernab ihrer Quelle auswirken. Klimaprobleme lassen sich nicht auf bestimmte Länder oder Regionen begrenzen. So sind etwa die Entwicklungsländer am Klimawandel am wenigsten kausal beteiligt, aber am meisten von Klimaschäden bedroht. Während sich die Industriegesellschaften mit den von ihnen erzeugten Umweltbeeinträchtigungen in der Hauptsache selbst schädigen, ist die Verteilung von Nutzen und Schaden beim Klimawandel asymmetrisch. Die Übernutzung der natürlichen Ressourcen geht nicht primär zu eigenen, sondern zu fremden Lasten. Entsprechend unstrittig ist, dass die Industrieländer nicht nur den Hauptanteil der (retrospektiven) Verantwortlichkeit für den Klimawandel, sondern auch den Hauptanteil der (prospektiven) Verantwortung für die Minderung der daraus folgenden Belastungen tragen. Sie umfasst drei Bereiche: die Absenkung der Treibhausgasemissionen (*mitigation*), den Ausgleich der bewirkten Schäden (*compensation*) und die Unterstützung bei der Anpassung an die Folgen der nicht rückgängig zu machenden Klimaänderungen (*adaptation*).

Die Asymmetrie von Verursachung und Betroffenheit erklärt die große und nachhaltige Aufmerksamkeit, die Fragen des Klimawandels in den Industrieländern finden, andererseits aber auch die beim Thema Klimawandel regelmäßig aufkommenden unguten Gefühle und Abwehrhaltungen: Wir selbst bzw. die Gesellschaften, denen wir angehören, sind in maßgeblicher Weise an der sich gegenwärtig vollziehenden Entwicklung beteiligt. Nur eine verschwindende Minderheit von Klimawissenschaftlern bestreitet, dass die sich vollziehenden klimatischen Veränderungen in Atmosphäre und Hydrosphäre auf die Emissionen von Treibhausgasen, das heißt im Wesentlichen auf die Nutzung fossiler Energieträger in den Industrie- und Schwellenländern, zurückgehen. Das schlechte Gewissen drückt, aber gleichzeitig bestehen gegen Lösungsstrategien so starke Widerstände, dass sich trotz hohen Problembewusstseins nur wenig bewegt und sich in vielen Kreisen Resignation breitmacht. Genährt wird diese unter anderem von Zweifeln daran, ob selbst eine unrealistisch rasche Anpassung der Energieerzeugung und anderer mit Treibhausemissionen verbundener Prozesse die Nachteile verhindern kann, die die gegenwärtigen Klimaveränderungen für die Lebensgrundlagen von Entwicklungsländern mit sich bringen, deren Ökonomien wesentlich von der Landwirtschaft und damit von Vegetations- und Klimafaktoren abhängen. Die seit Beginn der Industrialisierung im 19. Jahrhundert anhaltenden klimatischen Veränderungen verhalten sich wie ein Großtanker, der sich auch durch prompt einsetzende Reduktionsbemühungen nur mit langen Verzögerungszeiten umsteuern lässt. Auch wenn die Emission von Treibhausgasen von heute auf morgen aufhörte, wären erhebliche Schäden zu erwarten.

Insofern erfordert die Bewältigung der Probleme kognitive und affektive Leistungen, auf die die mentale Naturausstattung des Menschen nicht sonderlich gut eingerichtet ist. Notwendig ist einerseits Wissen um weit entfernt sich auswirkende Folgen der gegenwärtigen eigenen Praxis, andererseits eine sympathetische Anteilnahme an der Betroffenheit räumlich und zeitlich Fernstehender. Bei diesen Betroffenen handelt es sich zum größten Teil um unbekannte und aus heutiger Sicht nicht identifizierbare (»statistische«) Opfer. Entsprechend indirekt sind die Motivationen zur Bewältigung dieser Probleme. Sie sind, da eine direkte Konfrontation mit den Opfern nicht möglich ist, auf Prinzipien angewiesen und bringen damit unmittelbar ethische Überlegungen ins Spiel. Anders als »Nächstenliebe« kann sich »Fernstenliebe«, wie das Nietzsche[1] genannt hat, auf keine sichere Basis im menschlichen Gefühlshaushalt stützen. Mitleid und Empathie reichen in den allermeisten Fällen nicht über das unmittelbar Präsente hinaus. Gerade dieser Umstand zwingt dazu, im Zusammenhang mit der Klimaethik die Reichweite moralischer Pflichten zum Thema zu machen. Fragen der Klimaethik gehen enger mit Fragen der Zukunftsethik und der Entwicklungsethik zusammen als anderweitige Fragen der Umweltethik. Die Gerechtigkeitsfragen, die sich in diesem Bereich stellen, betreffen weniger die Gerechtigkeit im Umgang mit Zeitgenossen und Mitbürgern als die Gerechtigkeit zwischen aufeinanderfolgenden Generationen und durch politische Grenzen getrennten Nationen.

Kritik an der Idee einer Klimaethik

Aufgrund dieser Konstellation sind erhebliche Komplikationen vorprogrammiert. Die Problemlösungen, die die Ethik für diese Fragen vorschlagen kann, dürften noch um einiges kontroverser ausfallen als die für gegenwartsbezogene und innergesellschaftliche Gerechtigkeitsfragen. Über das, was Generationen und verschiedene Nationen einander schuldig sind, herrscht weniger Einigkeit als darüber, was Zeitgenossen und Bürger derselben Nation einander schulden.

Aber nicht nur die Prinzipien einer Klimaethik sind innerhalb der angewandten Ethik kontrovers, auch bereits die Idee einer eigenständigen Klimaethik ist nicht ohne Kritik geblieben. Viele an der Diskussion Beteiligte halten es für überflüssig oder sogar für schädlich, wenn sich nicht nur Natur-, Wirtschafts- und Politikwissenschaftler, sondern auch Moralphilosophen mit dem Klimawandel befassen. Unter Wirtschaftswissenschaftlern wird gelegentlich die Meinung vertreten, der Blick auf die ethischen Dimensionen des Problems lenke nur von den Sachfragen ab und führe eher zu einem dysfunktionalen Aktionismus als zu einer wohldurchdachten politischen Strategie. So vertritt der prominente Ökonom Hans-Werner Sinn in seinem auch für Ethiker lesenswerten Buch *Das grüne Paradoxon* die Position, der unter der Leitung des britischen Ökonomen Nicholas Stern verfasste sogenannte Stern-Report lasse sich übermäßig von ethischen Dogmen leiten, wenn er kritisiert, dass die heute lebenden Menschen ihren Nachkommen nicht das ihnen unter ethischen Gesichtspunkten gebührende Gewicht einräumen. Sinn hält dagegen, dass eine Ethik, die alle zukünftigen Generationen gleich gewichtet, abstrakt, realitätsfern und politisch unwirksam sei, eine »Nirwana-Ethik«.[2] Die zukünftigen Generationen seien bereits hinreichend durch die heute lebenden Kinder und Enkel der maßgeblichen Akteure vertreten. Abgesehen davon, dass dieses Argument verraterisch an das von den Gegnern des Frauenwahlrechts im 19. Jahrhundert vertretene Argument erinnert, die Frauen brauchten keine eigene Stimme, da sie bereits hinreichend durch ihre Väter und Ehemänner vertreten würden, steht es in einem offenkundigen Missverhältnis zu den sonstigen Argumentationen dieses Autors. Denn dieser stellt zwar die Strategien insbesondere der in Deutschland praktizierten Klimapolitik in Frage, aber keineswegs die sie leitenden zukunftsorientierten Ziele. Im Gegenteil lässt sich der Autor von einem spürbaren Engagement für die Belange zukünftiger Generationen leiten. Gegenstand seiner Kritik ist die Kurzschlüssigkeit, mit der vielfach von »gut gemeint« auf »gut« geschlossen wird – und etwa die Ersetzung von fossilen durch Biokraftstoffe als angeblicher Beitrag zum Klimaschutz gefeiert wird –, ohne zuvor ein realistisches Folgenkalkül anzustellen. Ihn stört vor allem, dass vielfach in der Politik auch dann, wenn man eines Besseren belehrt worden ist, an den einmal getroffenen Regelungen festgehalten wird. Aber weder wird die »Fernverantwortung« der Klimapolitik in zeitlicher und räumlicher Hinsicht bestritten noch angezweifelt, dass Deutschland und die anderen europäischen Länder einen beträchtlichen Teil der Verantwortung für die Entwicklung des Weltklimas tragen.

Andere kritisieren zwar nicht die Idee einer Klimaethik als solche, geben aber zu bedenken, ob nicht gerade die Einbeziehung von Fragen der globalen Verteilungsgerechtigkeit und damit der Entwicklungsethik die Klimaethik überfrachtet. Nicht nur in der Theorie, auch in der Praxis würde eine ganzheitliche Perspektive eine erhebliche Komplizierung bedeuten. Die normativen Ziele der Klimaethik könnten durch die Kombination mit entwicklungspolitischen Zielvorstellungen wie der Armutsbekämpfung in ihrer politischen Durchsetzbarkeit eher geschwächt als gestärkt werden. Während sich Appelle zur Armutsbekämpfung in der Vergangenheit als wenig ergiebig erwiesen hätten, hätten Bestrebungen zur Prävention von Klimaschäden bessere Erfolgsaussichten, da sie in höherem Maße an das Eigeninteresse der wohlhabenden Länder anknüpfen könnten.[3] Ob dies so ist, sei hier dahingestellt. Fraglich ist jedoch, ob der Appell an das Eigeninteresse sinnvoll ist. Der Hauptteil der moralisch bedenklichen Folgewirkungen der gegenwärtigen Verbrennung fossiler Kohlenstoffe entfällt jedenfalls auf die an der Verursachung nur zu einem geringen Anteil beteiligten Länder der Dritten Welt. Die Hauptlasten der zu erwartenden Erhöhung des Meeresspiegels infolge des Abschmelzens des Festlandeises und der erwärmungsbedingten Volumenausdehnung der Ozeane werden eher Bangladesch und einige kleinere Inselstaaten zu tragen haben als industrialisierte Küstenländer wie Deutschland oder die Niederlande, die sich von ihren geographischen und ökonomischen Bedingungen her besser gegen Folgeschäden wappnen können. Klimaprobleme sind im Wesentlichen Dritte-Welt-Probleme. Insofern wäre jede Trennung von Klima- und Entwicklungsethik künstlich. Vor allem lassen sich die von der Klimaethik zu stellenden Verantwortungs- und Gerechtigkeitsfragen nicht ablösen von den Fragen der Übernahme und Verteilung globaler Verantwortung außerhalb der Klimaethik. Allein eine »holistische« Perspektive[4] erscheint angemessen.

Für eine Integration von klima- und entwicklungsethischen Fragen spricht nicht zuletzt, dass sich Klimaschutz- und Entwicklungsargumente bereits heute wechselseitig durchdringen. Die großen Schwellenländer China, Indien und Brasilien werden in Kürze – sofern sich die gegenwärtigen Trends fortsetzen – zu den Hauptverursachern des Klimawandels gehören. Schon gegenwärtig entlässt China ebenso viele Treibhausgase in die Atmosphäre wie ganz Europa. Es ist unvermeidlich, dass es gerade in Bezug auf diese Länder in der Theorie zu Prinzipien- und in der politischen Praxis zu Interessenkonflikten kommt. Einerseits hintertreibt die forcierte Industrialisierung und die dafür in Kauf genommene Umweltzerstörung die Eindämmung der globalen Treibhausgasemissionen; andererseits machen gerade diese Länder geltend, dass sie als *latecomers* ein Recht darauf haben, zu den Industrieländern aufzuschließen und auf dasselbe Niveau materiellen Wohlstands zu kommen, auf dem sich die Menschen in den Industrieländern seit längerem befinden. Was heißt »Klimagerechtigkeit« in dieser Situation? Kann es gerecht sein, einen Großteil der Weltbevölkerung von der Nutzung einer Ressource wie des Belastungsspielraums des Klimasystems für Treibhausgase auszuschließen, nur weil eine Minderheit diese Ressourcen bereits übernutzt und die Weltgemeinschaft dadurch in eine Zwangslage gebracht hat?

Ein weiterer Zusammenhang zwischen Klimaschutz- und Entwicklungszielen ist ihr gemeinsamer Bezug auf die Menschenrechte. Beide – Entwicklungsziele und Klimaschutzziele – lassen sich mit Bezug auf die Menschenrechte begründen. Beide stehen unter der Vorgabe, Zustände zu verhindern, die als Menschenrechtsverletzungen gelten müssen. Zwar formulieren die Menschenrechte nur ein ethisches Minimum. Aber angesichts der faktischen Bedrohungen durch den Klimawandel und des sich ankündigenden Mangels an Nahrungsmitteln in großen Teilen der Welt muss das Ziel, die Menschenrechte für die nächsten und übernächsten Generationen vorgreifend zu wahren, als ausgesprochen ambitioniert gelten. Gleichzeitig haben die Menschenrechte für die Klimaethik neben der fundierenden und unterstützenden auch eine restriktive Funktion: Sie begrenzen die bei der Verfolgung dieser Ziele eingesetzten Mittel. Wie immer vordringlich die Kurskorrekturen sein mögen, um den durch die Klimaveränderungen heraufbeschworenen Risiken für die Zukünftigen zu entgehen: Die dazu eingesetzten Mittel dürfen nicht so drastisch sein, dass sie die aus den Menschenrechten der gegenwärtig Lebenden folgenden Rechtsansprüche bedrohen.

Ungewissheit

Nicht nur, aber auch wegen der engen Verzahnung der Fragen des Klimaschutzes mit Fragen der globalen Verteilungsgerechtigkeit hat es die Klimaethik nicht nur mit hochgradig komplexen Problemstellungen zu tun, sondern auch mit erheblichen Ungewissheiten. Die Unsicherheiten ergeben sich aus einer Vielzahl von Quellen. Das Klimasystem ist ein exorbitant komplexes System. Schon die tägliche Wettervorhersage hängt von einer großen Zahl interagierender Größen ab und beschäftigt die größten verfügbaren Computer. Klimaprognosen sind noch ein gutes Stück unsicherer. Unsicher sind darüber hinaus die Schätzungen, wie die klimatischen mit wirtschaftlichen, technologischen und ökologischen Veränderungen interagieren. Unsicherheiten betreffen nicht zuletzt die Zeitdimension: Werden dann, wenn infolge der Erwärmung der Atmosphäre das Wasser knapper wird, geeignete gentechnisch veränderte Nutzpflanzen zur Verfügung stehen, die trotz der erschwerten klimatischen Bedingungen eine Erhaltung oder Steigerung der landwirtschaftlichen Produktivität erlauben? Wird die Technologie der Kernfusion so »rechtzeitig« technisch einsetzbar und ökonomisch wettbewerbsfähig sein, dass sie die Nutzung kohlenstoffhaltiger Brennstoffe zur Energiegewinnung in einem signifikanten Umfang ersetzen kann? Noch erheblichere Unsicherheiten betreffen die politischen Lösungsmöglichkeiten. Wie wahrscheinlich ist es, dass es zwischen den Nationen zu bindenden Absprachen über eine Begrenzung der globalen Emissionen kommt? Würden ein globales System der kontrollierten Vergabe von Emissionszertifikaten und ein kontrollierter internationaler Emissionshandel, wie sie gegenwärtig auf UN-Ebene diskutiert werden, funktionieren? Welche Mechanismen wären denkbar, um die Einhaltung der vereinbarten Regeln zu kontrollieren und Regelverletzungen zu sanktionieren? Gibt es Wege, die Verkäufer von fossilen Brennstoffen dazu zu bewegen, das Angebot bewusst zu verknappen und mehr von den ihnen gehörenden Ressourcen »im Boden zu lassen«, als sie gewinnbringend verkaufen könnten? Was könnte die Weltgemeinschaft ihnen als Gegenleistung für einen derartigen Verzicht anbieten?

Ungewissheiten betreffen aber nicht zuletzt auch die Klimaethik als Disziplin. Welche Art von Aussagen sind von einer Klimaethik zu erwarten, und wie verhalten sich ihre Aussagen zu denen der Klimapolitik? Sicher würde sich eine Klimaethik überfordern, wenn sie es sich zur Aufgabe machte, unmittelbar politische Strategien zu formulieren. Mit Aussagen darüber, was konkret getan oder entschieden werden sollte, würde sie ihre Kompetenzen überschreiten. In Überlegungen über politische Handlungsoptionen gehen ethische Prinzipien stets nur als eine Vorgabe unter anderen ein. Die Ethik kann allenfalls die Ziele, oder besser: die Fernziele vorgeben, die innerhalb der von der historisch gewachsenen Realität gezogenen Grenzen erreicht werden sollen. Sie kann etwas zu den Werten sagen, nach denen diese Ziele anderen Zielen vorzuziehen sind. Wie sie unter den gegebenen Grenzen erreicht werden können, ist Sache der politischen Theorie, des politischen Kalküls und der politischen Erfahrung. Ob bzw. wie weit die von der Ethik formulierten Ziele erreicht werden sollen, ist darüber hinaus Gegenstand politischer Abstimmungen. Die Ethik kann die für politische Grundsatzentscheidungen in Demokratien zuständigen Gremien allenfalls beraten, aber nicht selbst deren Macht usurpieren. Weder im Reich des Geistes noch in der Wirklichkeit der Politik verfügt sie über hoheitliche Befugnisse. Sie kann allenfalls Vorschläge machen und die ihnen zugrundeliegenden Probleme wie auch deren mögliche Folgelasten ausführlicher ausbuchstabieren, als dies in der Politik möglich oder opportun ist.

Auch wenn die Ethik nicht alle Fragen beantworten kann, kann sie doch die richtigen Fragen stellen. Die vielleicht vordringlichste Frage ist die, mit der das folgende Kapitel beginnt.

2. Is it too late?

Is it too late? – so betitelte der amerikanische Theologe John B. Cobb, auch als Vertreter der »Prozesstheologie« in der Nachfolge Alfred North Whiteheads bekannt, seine Monographie zur Umweltethik von 1972, eine der ersten in einer langen Reihe ähnlicher Veröffentlichungen.[5] Das Buch erschien gleichzeitig mit dem Bericht *Grenzen des Wachstums* des Club of Rome, dessen Titel für Jahrzehnte zu einem Topos der Umweltrhetorik wurde. Dass es möglicherweise bereits »zu spät« war, um das Abrutschen in eine irreversible Spirale der Umweltzerstörung zu verhindern, entsprach den düsteren Zukunftsszenarien, mit denen der Club of Rome die Welt aufrüttelte. Diese Szenarien wichen erheblich von der späteren tatsächlichen Entwicklung der Umweltbelastungen ab. Aus heutiger Sicht erwiesen sich die Projektionen des Berichts (die ja keineswegs den Anspruch auf prognostische Richtigkeit erhoben hatten) als *suicidal predictions* – als Unheilsszenarien, die sich, einmal an die Öffentlichkeit gebracht, selbst falsifizierten. Die befürchteten Eskalationen blieben aus, weil sich für eine Vielzahl von Umweltbelastungen (wenn auch nicht für alle) nicht nur Vermeidungstechniken fanden, sondern es auch gelang, diese in die Wirtschaftskreisläufe einzuführen. Für viele schädliche Stoffe wurden Substitute gesucht und gefunden, und der technische Umweltschutz konnte die Umweltschädlichkeit der weiterhin verwendeten Substanzen erheblich reduzieren, teilweise um ein Mehrfaches dessen, was Meadows und Kollegen in ihren Szenarien veranschlagt hatten. Bei einigen grenzüberschreitenden Umweltbedrohungen kam es frühzeitig zu erfolgreichen und nachhaltigen internationalen Vereinbarungen. Das meistzitierte Beispiel ist das Montreal-Protokoll von 1987 zum Ausstieg aus den als Kühlmittel und Treibgas verwendeten Fluorchlorkohlenwasserstoffen, die zum Abbau der schützenden Ozonschicht der Stratosphäre beigetragen hatten. Mittlerweile ist diese Substanz zu fast 100 Prozent durch Ersatzstoffe (die allerdings ihrerseits als Treibhausgase wirken) abgelöst worden.

Der Befund

Ist die Is-it-too-late-Frage auch mit Blick auf den Klimawandel verfrüht? Eine Vielzahl von Gründen spricht dafür, dass die Warnungen vor einer »Klimakatastrophe« ernster zu nehmen sind als die Warnungen vor den »Grenzen des Wachstums« 40 Jahre zuvor. Bevölkerung, Wirtschaftstätigkeit und Naturverbrauch haben in diesen 40 Jahren weiterhin stark zugenommen, sind allerdings nur selten an unverrückbare Grenzen gestoßen. Einiges spricht dafür, dass die Grenzen des Wachstums in Bezug auf die Klimaeffekte weniger flexibel sind. Entsprechend muss die Bewältigung des Klimawandels für die Weltgemeinschaft als eine der dringlichsten ethischen und politischen Herausforderungen gelten. Dies wird deutlich, wenn man sich fünf Annahmen klarmacht, die je für sich von nur wenigen bestritten werden, allerdings erst in der Zusammenschau die Dimensionen des Klimaproblems erkennen lassen:

1. Die *Zunahme der mittleren globalen Temperaturen* ist ein Faktum, und es ist damit zu rechnen, dass sich dieser Trend fortsetzt. Die zunehmende Erwärmung der Atmosphäre ist seit einigen Jahren auch ohne klimatheoretische Kenntnisse beobachtbar: Die Gletscher in den Hochgebirgen schmelzen unaufhaltsam ab, ebenso das Eis auf dem grönländischen Festland. Die klimatischen Verhältnisse in Deutschland ähneln sich denen der Mittelmeerländer an, die

Sommertemperaturen erreichen Rekordhöhen. Global liegen zwischen 1997 und 2007 die bisher wärmsten zehn Jahre seit der Erfindung des Thermometers.[6] Die Folge ist ein allmähliches Ansteigen des Meeresspiegels, hervorgerufen sowohl durch das Schmelzen von Festlandeis wie durch Erwärmung. Während der Meeresspiegel im 20. Jahrhundert insgesamt um 17 Zentimeter stieg, steigt er gegenwärtig um drei Zentimeter alle zehn Jahre.[7] Das International Panel on Climate Change (IPCC), der Weltklimarat, rechnet bis 2100 mit einen Anstieg von einem halben bis einem Meter. Niedrig gelegene Inseln wie Tuvalu mit 11 000 Bewohnern, deren höchster Punkt nur viereinhalb Meter über dem Meeresspiegel liegt, werden voraussichtlich innerhalb von wenigen Jahrzehnten unbewohnbar sein.[8] Bangladesch wird durch die Erhöhung des Wasserspiegels ein Zehntel seines bewohnbaren Landes verlieren.[9]

2. Es ist abzusehen, dass die Klimaveränderungen *überwiegend unerwünschte Veränderungen in Vegetation, Ernährungslage und Flächennutzung* zur Folge haben: Verschiebung von Klimazonen, Verarmung von Ökosystemen, Verlust an Lebensräumen und weitere Verluste an Biodiversität. Betroffen von den Auswirkungen der Temperaturerhöhung werden vor allem Länder der südlichen Hemisphäre sein, die angesichts ihrer weitgehenden landwirtschaftlichen Basis sehr viel stärker von klimatischen Faktoren abhängen als die Industrieländer. Hitzewellen, Trockenperioden und dadurch ausgelöste Flächenbrände werden die Landwirtschaft über das gegenwärtige Maß hinaus erschweren und die Erträge gefährden.

Die Folgen werden – auch vor dem Hintergrund einer weiterhin, obwohl mit sinkender Rate wachsenden Bevölkerung – in vielen Ländern der Dritten Welt eine Verschärfung der Armutssituation und verstärkte Migrationsbewegungen in Richtung weniger belasteter Regionen sein. Der

IPCC geht in seinem vierten Bewertungsbericht von 2014 davon aus, dass auf verschiedenen Stufen der Temperaturerhöhung mit zunehmend gravierenden Folgen zu rechnen ist:

+1 °C: zunehmende Wasserknappheiten, zunehmende Küstenüberflutungen, zunehmendes Aussterben von Amphibienarten
+2 °C: zusätzliche Gefährdung des Überlebens von 20–30 Prozent der biologischen Arten, erhöhte Krankheitsgefahr
+3 °C: zusätzlich abnehmende Ernteerträge, Erhöhung des Meeresspiegels um mehrere Meter, Engpässe bei der medizinischen Versorgung
+5 °C: zusätzlich Gefährdung des globalen Artenbestands, 30 Prozent Verlust an küstennahen Feuchtgebieten, Überschwemmungen, größere Veränderungen der Wasserströmungen in den Ozeanen.[10]

Noch weitreichender wären die Folgen einer tiefgreifenden Veränderung von Meeresströmungen im Gefolge der Erwärmung der Ozeane. Eine Richtungsumkehr des Golfstroms etwa, wie sie in der Erdgeschichte bereits mehrfach eingetreten ist, würde Nordeuropa empfindlich abkühlen lassen.

3. Mehrere unabhängige Klimamodelle legen nahe, dass mit dem Erreichen einer Erhöhung der mittleren Temperatur um 2 °C im Verhältnis zum Jahr 1990 ein *Umkehrpunkt* (tipping point) *erreicht ist, jenseits dessen die weiteren Verläufe der klimatischen Parameter unkalkulierbar werden und Katastrophen nicht auszuschließen sind.* Einige Modelle gehen sogar davon aus, dass bereits eine Erwärmung von 1,5 °C nicht mehr beherrschbare positive Rückkopplungsprozesse (also Prozesse, die sich verstärkend auf sich selbst auswirken, wie das beispielsweise bei einer Lawine der Fall ist) aus-

lösen könnte.[11] Die Klimaentwicklung wird zu einem »planetarischen Roulette«.[12] Durch positive Rückkopplungsschleifen könnten die Temperaturen rapide nach oben schnellen. Ein aktuelles Beispiel für eine positive Rückkopplung ist das Abschmelzen des grönländischen und westantarktischen Festlandeises. Ein vollständiges Abschmelzen würde die Albedo, das heißt das Ausmaß, in dem das Eis die Sonnenstrahlung reflektiert, absenken und dadurch eine Spirale beschleunigter Erwärmung in Gang setzen. Ein anderes ist die großflächige Freisetzung von Methan durch das Tauen der Permafrostböden in Sibirien und anderen arktisnahen Regionen. Methan wirkt noch stärker als Treibhausgas als Kohlendioxid, verbleibt allerdings sehr viel kürzer in der Atmosphäre. Es wandelt sich innerhalb von ungefähr zwölf Jahren in Kohlendioxid um. Bei der Bewertung dieser Entwicklung sollte man sich vor Augen halten, dass die durchschnittlichen globalen Temperaturen während der letzten Eiszeit vor ungefähr 20 000 Jahren nur 5 °C geringer waren als heute.[13]

Ein zusätzlicher Faktor, der ein Überschreiten der 2 °C-Grenze zu einem globalen Vabanquespiel macht, ist die wahrscheinliche Irreversibilität vieler der induzierten Veränderungen. Nicht nur das Klimasystem bewegt sich wie ein Großtanker, der sich, wenn er auf falschem Kurs liegt, nur schwer und mit großen Zeitverzögerungen umsteuern lässt, sondern auch viele der Wirkungsdimensionen des Klimawandels: die Zerstörung von Lebensraum, der Verlust an Biodiversität, die Überflutungen infolge Meeresspiegelanstiegs.

4. Die Quelle der Temperaturerhöhung ist in der Hauptsache der Gehalt von Kohlendioxid in der Atmosphäre. Dass zwischen Kohlendioxidgehalt und Temperatur eine Korrelation besteht, ist überzeugend belegt. Je größer der Gehalt an Kohlendioxid in der Atmosphäre, desto geringer die Eisvorkommen. Auf der Venus, deren Atmosphäre zu 96 Prozent aus Kohlendioxid besteht, beträgt die mittlere Temperatur an der Oberfläche 460 °C. Der Treibhauseffekt ist insofern eine Ermöglichungsbedingung des Lebens. Ohne den natürlichen Treibhauseffekt betrüge die mittlere Temperatur auf der Erdoberfläche −18 °C statt der faktischen +15 °C. Bedrohlich wird er lediglich durch das Übermaß.

Für eine Korrelation von Kohlendioxidgehalt und Temperatur sprechen darüber hinaus klimahistorische Befunde, die zeigen, wie das Klima auf größere Freisetzungen von Kohlenstoff reagiert. In der Erdgeschichte entsprach der Wechsel zwischen Warm- und Eiszeiten durchweg dem Wechsel im Kohlendioxidgehalt der Atmosphäre. Bereits vor 55 Millionen Jahren fiel auf der Erde eine hohe Konzentration von Kohlendioxid in der Atmosphäre mit einem Höhepunkt der Erwärmung zusammen. Erst mit der industriellen Revolution und dann insbesondere mit der exponentiellen Zunahme der Nutzung fossiler Brennstoffe zur Energieerzeugung in den letzten 30 Jahren hat der Kohlenstoffgehalt der Atmosphäre dramatisch zugenommen. Während die Konzentration des Kohlendioxids vor der industriellen Revolution über ungefähr 10 000 Jahre konstant bei ungefähr 275 ppm (parts per million) lag, liegt sie gegenwärtig bei 390 ppm, hat also um mehr als 40 Prozent zugenommen. Nach Angaben des IPCC war der Kohlendioxidgehalt der Atmosphäre seit 650 000 Jahren nicht so hoch wie heute. Allerdings lässt sich der Wert für das Ausmaß, in dem das Klima auf den Kohlendioxidgehalt der Atmosphäre reagiert, auf der Grundlage der historischen Daten nur schätzen, so dass Prognosen nur begrenzt möglich sind. Die erste Einschätzung durch den schwedischen Physiker Svante Arrhenius im Jahr 1896 ging von 5 bis 6 °C bei Verdoppelung des Kohlendioxidgehalts aus. Die gegenwärtigen Einschätzungen reichen von 3 bis 4,5 °C. Der Klimaeffekt ist dabei nicht der einzige Effekt, der mit der Zunahme an Kohlendioxid einhergeht. Ein weiterer messbarer Effekt ist der »Sprudeleffekt« in den Ozeanen, also die Anreicherung des Meerwassers mit Kohlensäure, wobei die »Versauerung« des Meerwassers weitere schädliche Wirkungen zur Folge hat, etwa die Zersetzung von in den Ozeanen lebenden Muscheln und Korallen.[14]

5. *Der Anstieg des Kohlendioxidgehalts der Atmosphäre geht zu wesentlichen Anteilen auf menschliche Aktivitäten zurück*, insbesondere auf die Zunahme der Emissionen von Kohlendioxid aus der Verbrennung von Kohle, Öl und Gas. Hinzu kommen weitere anthropogene (das heißt: durch den Menschen bewirkte) Erhöhungen des Methangehalts der Atmosphäre, beispielsweise aus der Tierhaltung und der Trockenlegung von Mooren. Diese These wird nicht von allen Klimawissenschaftlern geteilt. Eine Minderheit von etwa 5 Prozent kann den »Klimaskeptikern« zugerechnet werden, die die Zunahme der mittleren Temperaturen auf der Erde statt auf menschliche Einwirkungen auf Änderungen der Sonneneinstrahlung zurückführen. Die Fakten machen allerdings die Anthropogenität zumindest großer Anteile des Treibhauseffekts im höchsten Maße wahrscheinlich.

Die Höhe der Kohlenstoffemissionen ist dabei vor allem von drei Variablen abhängig: dem Tempo der Industrialisierung, etwa in Schwellenländern wie China und Indien, der Bevölkerungsentwicklung und konjunkturellen Schwankungen. (Durch den Konkurs von Lehman Brothers in New York und die damit ausgelöste Bankenkrise ging die Menge der Kohlendioxidemissionen merklich zurück.) Industrialisierung und Bevölkerungszunahme führten bereits seit Beginn der industriellen Revolution zu Klimaänderungen, lange bevor sie den heutigen dramatischen Verlauf nahmen. Die Kohlenstoffreservoirs der Erde, die dort seit Millionen von Jahren lagern, wurden zunehmend in den natürlichen

Kreislauf von Kohlenstoffverbrennung, Freisetzung von Kohlendioxid und Aufnahme des Kohlendioxids durch Pflanzen überführt, wobei stets mehr Kohlenstoff verbrannt wurde, als von den Pflanzen und den Ozeanen aufgenommen werden konnte, so dass sich immer mehr Kohlendioxid in Atmosphäre und Ozeanen anreicherte. Die Menschheit verbraucht die in der Karbonzeit über Millionen von Jahren aus untergegangenen Wäldern gebildeten Kohlenstoffe gewissermaßen im Zeitraffer: Der Zeitraum, in dem der Kohlenstoff entstanden ist, beträgt mehr als das 100 000-fache des Zeitraums, in dem er verbraucht wird. Zwar wird ein großer Teil des Kohlendioxids aus der Luft zunächst von den Ozeanen aufgenommen und in ihren Tiefenschichten gelagert. Aber die Ozeane geben gleichzeitig auch wiederum Kohlenstoff in die Luft ab, und zwar umso mehr, je mehr sie sich erwärmen. 100 Jahre nach dem Zeitpunkt der Emission befinden sich noch 33 Prozent des Kohlenstoffs in der Atmosphäre, nach 1000 Jahren noch 19 Prozent.[15]

Was folgt?

Was folgt, wenn man diese fünf gut begründeten Annahmen zusammennimmt? Legt man ein ausgesprochen elementares ethisches Prinzip zugrunde, nämlich das der Katastrophenvermeidung, so muss es erstens das Ziel der Weltgemeinschaft sein, die gegenwärtigen und zukünftigen Austauschprozesse mit der Natur so zu gestalten, dass die 2 °C-Grenze nicht überschritten wird. Es kann dabei offenbleiben, ob der Wert von 2 °C die »beste« Schätzung ist. In der Tat gehen einige Modelle von einem niedrigeren, andere von einem höheren Wert aus. 2 °C ist ein Durchschnittswert für die Gefahrenzone, die möglichst vermieden sollte, um keine fatalen Rückkopplungen zu riskieren.

Zweitens folgt, dass die kollektive Verpflichtung zu einer Einhaltung dieser Grenze zumindest prima facie von besonderer Dringlichkeit ist, nicht zuletzt deswegen, weil die Enge des verbleibenden Belastungsspielraums nicht die Folge natürlicher, sondern auf den Menschen zurückgehender Faktoren ist. Das wäre anders, wenn dieser Spielraum durch natürliche Faktoren (wie etwa Veränderungen der Strahlungsintensität der Sonne) ausgeschöpft wäre. Auch in diesem hypothetischen Fall würde das Prinzip der Katastrophenvermeidung verlangen, auf eine weitere Annäherung an den Umschlagspunkt zu verzichten. Auch dann wäre eine weitergehende Nutzung der klimatischen Spielräume eine »Übernutzung«. Aber im realen Fall hat der Nutzungsverzicht nicht nur den Charakter einer aufgezwungenen Anpassung, sondern den der »Umkehr« auf einem einmal eingeschlagenen Weg, ein Innehalten in einer tendenziell selbstschädigenden Aktion.

Eine dritte Konsequenz ist, dass die Bemühungen um eine Begrenzung des Klimawandels unter massivem Zeitdruck stehen. Wenn das 2 °C-Ziel erreicht werden soll, sind in den vor uns liegenden Jahren für eine Richtungsumkehr heroische Anstrengungen erforderlich. Obwohl sich die Weltgemeinschaft über die Notwendigkeit dieses 2 °C-Limits mehr oder weniger einig zu sein scheint, geht doch die faktische Entwicklung in die umgekehrte Richtung. Nach einer Schätzung der Weltbank befinden wir uns gegenwärtig auf einem Entwicklungspfad, der auf eine Erwärmung von mehr als 3 °C und mit einer Wahrscheinlichkeit von 20 Prozent – bzw. je nach Annahmen mit einer Wahrscheinlichkeit von über 40 Prozent – von mehr als 4 °C zusteuert.[16] Ohne einen Wechsel der Entwicklungsrichtung würde bis 2050 der heutige Wert von 380 ppm auf 560 ppm Treibhausgas in der Atmosphäre und die durchschnittliche Temperatur von gegenwärtig 14,5 °C auf 16,5 °C ansteigen.[17] Hinzu kommt, dass mit der fortschreitenden Erwärmung ein Umsteuern immer schwieriger werden dürfte. Mit zunehmender Nähe des Hindernisses – hier die 2 °C-Marke – bedarf es eines stets höheren Bremsdrucks, um das Fahrzeug zum Halten zu bringen. Damit wird die Zeitdimension zu einem normativ relevanten Faktor.[18] Die Dringlichkeit der Verpflichtung zur »Dekarbonisierung« der Wirtschaft nimmt mit der sukzessiven Annäherung an die 2 °C-Grenze zu. Eine zuvor vernachlässigte Wahrnehmung von Verantwortung steigert die zu einem späteren Zeitpunkt wahrzunehmende Verantwortung.

Wie lässt sich diese Verantwortung konkretisieren? Welche Optionen stehen objektiv zur Verfügung, um das übergreifende klimapolitische Ziel zu erreichen, und wer ist in der Lage und wem sollte die Verpflichtung auferlegt werden, diese Optionen wahrzunehmen? An dieser Stelle sollen zunächst die verfügbaren Optionen genannt werden. Wie zu erwarten, unterscheiden sich diese sowohl in den Chancen, den Klimawandel aufzuhalten, als auch in ihren Nebenfolgen. Sie alle bergen neben Chancen auch erhebliche Risiken.

Technische Optionen

Die Risiken sind ausgeprägt besonders bei technischen Optionen, die darauf abzielen, die Klimaeffekte der Treibhausgasemissionen zu vermeiden, ohne die Emissionen reduzieren zu müssen. Sie entsprechen den Schadstofffiltern und anderen »End-of-pipe«-Technologien im Umweltschutz: Die Schadstoffe fallen weiterhin an, aber sie gelangen nicht in die Umwelt, weil sie am Ende des Auspuffrohrs herausgefiltert werden.

Am genauesten entspricht diesem Verfahren die technische Option der dauerhaften Entfernung des bei Verbrennungsprozessen freigesetzten Kohlendioxids (*Carbon Dioxide Removal*, CDR). Der Hauptvorzug dieser Option ist, dass die Prozesse, die zur Entstehung der Schadstoffe führen, unverändert bleiben können: Solange ein Kraftwerk über Aggregate verfügt, die Schwefeldioxid aus den Abgasen herausfiltern, darf die verbrannte Kohle weiterhin einen bestimmten Schwefelgehalt aufweisen. Ähnlich könnte, solange Verfahren der dauerhaften Lagerung von Kohlendioxid zur Verfügung stehen, die Verbrennung fossiler Brennstoffe – zur Erzeugung von Strom, Zement oder Stahl – auf dem gegenwärtigen Stand weitergehen. Schwierigkeiten bereitete allenfalls das Auffangen des Kohlendioxids bei mobilen Quellen wie Autos und Flugzeugen.

Das gegenwärtig meistdiskutierte Verfahren dieser Art ist die Einleitung von Kohlendioxid in unterirdische Speicher (Kohlenstoff-Sequestrierung, *carbon capture and storage*, CCS). Diese Option ist allerdings nur auf den ersten Blick attraktiv. Vor allem ist sie wenig realistisch. Die Kohlendioxid-Sequestrierung hat einen enormen Platzbedarf. Die erforderlichen Kavernen reichen bei weitem nicht aus, um die Megatonnen des tagtäglich anfallenden Kohlendioxids aufzunehmen. Jeder Kubikmeter verbrannter Steinkohle erzeugt Kohlendioxid, das verflüssigt 5,4 Kubikmeter einnimmt, jeder Kubikmeter Rohöl 3,7 Kubikmeter. Außerdem ist diese Methode ihrerseits nicht nur hochgradig aufwendig, sie ist auch mit gravierenden Risiken behaftet. Ein Leck oder Erdbewegungen könnten in großen Mengen Kohlenstoff freisetzen, der seinerseits in hohen Konzentrationen zu Erstickungen führen könnte.[19]

Eine zweite technische Option, das Geo-Engineering, ist ebenfalls mit erheblichen Risiken behaftet. Mit »Geo-Engineering« bezeichnet man die großräumige Beeinflussung der Kreisläufe in Atmosphäre und Ozeanen zur Senkung des Kohlendioxidgehalts der Atmosphäre mit technischen Mitteln, beispielsweise durch eine künstliche Abschwächung der Einstrahlung des Sonnenlichts (*Solar Radiation Management*, SRM). Zu den möglichen SRM-Maßnahmen gehören unter anderem die Ausbringung von Aerosolen – klimatisch die Gegenspieler der Treibhausgase – in die Stratosphäre, die Änderungen der Albedo von Oberflächen oder Wolken sowie die Installation weltraumgestützter Reflektoren. Der meistdiskutierte und chancenreichste Eingriff dieser Art ist die Einleitung von Schwefeldioxid oder Staubpartikeln in die Stratosphäre, um die dort ankommenden Sonnenstrahlen vermehrt ins All zu reflektieren bzw. zu absorbieren und damit die Erderwärmung abzuschwächen.[20] Gelänge die Operation, könnte der Kohlendioxidgehalt der Atmosphäre in sehr viel höherem Umfang ansteigen, ohne dass sich die Temperaturen auf der Erde erhöhen. Dass ein höherer Staubgehalt in der Stratosphäre zu einem Abfall der Temperatur führt, weiß man von Vulkanausbrüchen wie dem Ausbruch des Pinatubo auf den Philippinen 1991. In diesem Fall verminderte sich die Intensität der Sonneneinstrahlung um 5 Prozent, und es kam in der nördlichen Hemisphäre zu einem Abfall der durchschnittlichen Temperatur um 0,5 bis 0,6 °C, weltweit um 0,4 °C. Attraktiv ist diese technische Option vor allem wegen ihrer verhältnismäßig geringen Kosten. Allerdings sind die Folgen der erforderlichen weiträumigen Verdunkelung der Atmosphäre weitgehend unkalkulierbar. Beobachtungen beim Ausbruch einzelner Vulkane lassen sich nur begrenzt auf globale Maßstäbe hochrechnen. Bei Vulkanausbrüchen waschen sich die in der Stratosphäre angereicherten Partikel in der Regel innerhalb von ein bis zwei Jahren wieder aus. Bei einem effizienten Geo-Engineering müssten die Sulfate dagegen viele Jahrzehnte, vielleicht Jahrhunderte an Ort und Stelle bleiben.[21] Zu den Risiken gehören großklimatische Veränderungen wie ein weltweiter Rückgang der Niederschläge über Land, Störungen des Sommermonsuns in Afrika und Asien und die Reduktion des atmosphärischen Ozons.[22] Schwer lösbar scheint insbesondere das »Terminationsproblem«[23]: Falls die technischen Klimaschutzvorrichtungen zerstört werden, wäre mit einer nicht mehr zu bewältigenden jähen Erwärmung zu rechnen. Außerdem ist unklar, wie ein so weitreichender technischer Eingriff in die natürlichen Kreisläufe politisch realisiert werden und wer mit der Haftung für eventuelle Schadensfolgen belastet werden kann.

Infolge der erheblichen und zum großen Teil unkalkulierbaren Risiken scheint der Ausweg der technischen Lösungen versperrt – jedenfalls für den Zeithorizont, in dem die akuten Klimaprobleme zur Lösung anstehen.

Politische Optionen

Gravierende Risiken, allerdings anderer Art, bergen auch einige der politischen Optionen. Dazu gehört der Vorschlag des Politikwissenschaftlers Bjørn Lomborg, statt auf die Minderung der Belastung der Atmosphäre mit Kohlendioxid auf die Steigerung der Fähigkeit der primär betroffenen Länder zu setzen, sich den abzusehenden Klimaänderungen anzupassen. Wir sollten nicht in die Reduktion der Bedrohungen investieren, sondern in die Immunisierung der Betroffenen gegen deren Folgen, zum Beispiel indem wir das wirtschaftliche Wachstum in den betroffenen Ländern so weit fördern, dass diese in der Lage sind, ihr Leben in derselben Weise von den klimatischen Bedingungen unabhängig zu machen, wie das in den Industrieländern seit langem geschehen ist.[24]

Auch diese Option erscheint hochgradig riskant – zu riskant, um ernsthaft in Frage zu kommen. Die Hoffnung, die heute noch gegen die Klimaeffekte wehrlosen Regionen in wenigen Jahrzehnten durch eine Forcierung des wirtschaftlichen Wachstums bis zu dem Punkt zu entwickeln, zu dem sie gegen die befürchteten Klimaänderungen immun sind, erscheint utopisch. Angesichts der Enge der verbliebenen Spielräume für weitere Belastungen der Atmosphäre liefe diese Option auf ein regelrechtes Vabanquespiel hinaus. Erfahrungsgemäß ist eine Entkoppelung von Wirtschaftswachstum und Klimabelastung nur in Grenzen und unter der Bedingung, dass modernste Produktionsverfahren genutzt werden, denkbar. Vor allem müsste sichergestellt sein, dass die zur »Anheizung« des wirtschaftlichen Wachstums erforderliche Energieerzeugung im Wesentlichen von emissionsarmen Technologien wie regenerativen Energien und Kernenergie geleistet wird. Gerade für die am stärksten von den Klimaänderungen betroffenen Länder bedürfte eine derartige Umsteuerung enormer Anstrengungen. Die Skepsis wird verschärft durch die Überlegung, dass die sich anbahnenden Klimaänderungen überwiegend irreversibel sind. Die Effekte wären, sind sie einmal eingetreten, unumkehrbar. Auch eine noch so dynamische wirtschaftliche Aufwärtsentwicklung in den armen Ländern würde nicht verhindern können, dass alle absehbaren zukünftigen Generationen mit den Veränderungen leben müssten.

Diese Anpassungsoptionen bergen ebenso wie die technischen Optionen zu hohe Risiken, um als Vermeidungsstrategien in Frage zu kommen. Entweder sind die Risiken zu hoch, um akzeptabel zu sein, oder sie sind zu unkalkulierbar, um sich auf sie einzulassen. Es verbleiben, wenn die Sicherheitsgrenze von 2 °C Erwärmung nicht überschritten werden soll, zwei Strategien, von denen allerdings die erste sehr viel häufiger diskutiert wird als die zweite: 1. die möglichst unverzügliche weltweite Absenkung der Treibhausgasemissionen; 2. die Schaffung zusätzlicher Kohlendioxidsenken.

Bis 2015 ist die erste Strategie zwar immer wieder angekündigt, aber nicht mit spürbarem Erfolg umgesetzt worden. Auch wenn gegenwärtig die globalen Kohlendioxidemissionen infolge der Rezession in der Zement- und Stahlerzeugung in China stagnieren, stellt die bisherige Entwicklung der Glaubwürdigkeit der Politik kein gutes Zeugnis aus. Die Treibhausgasemissionen haben in den letzten Jahren konstant zu- statt abgenommen und sind vom Bezugsjahr 1990 bis 2013 um nicht weniger als 60 Prozent gestiegen. Pikanterweise war selbst in Deutschland in den letzten Jahren keine Senkung der Treibhausgasemissionen zu verzeichnen. Ursächlich dafür waren unter anderem die Zunahme des Straßengüterverkehrs und die zögerliche Inangriffnahme der Modernisierung von Heizungsanlagen und der Wärmedämmung von Altbauten. An politischen Bekenntnissen zu einer weltweiten Trendumkehr fehlt es hingegen nicht, vor allem auf allerhöchster Ebene. So wurde auf dem G8-Gipfel in L'Aquila 2009 die Absicht bekräftigt, die weltweiten Emissionen bis 2050 gegenüber 1990 zu halbieren. Auf dem G7-Gipfel in Schloss Elmau in Oberbayern 2015 wurde von einem weltweiten Ausstieg aus allen fossilen Brennstoffen bis zum Ende des Jahrhunderts gesprochen. Auf dem Weltklimagipfel Ende 2015 in Paris ist es sogar zum Abschluss eines völkerrechtlichen Klimaabkommens gekommen, das die verbindliche Begrenzung der globalen Erwärmung auf einen Wert unter 2 °C vorsieht. Während das Ziel mit unerwarteter Eindeutigkeit festgelegt wurde, blieben allerdings die Mittel offen. So wurden etwa über die Begrenzung der Kohlenstoffemissionen der einzelnen Länder keine bindenden Absprachen getroffen. Sicher werden wir in Zukunft noch einige weitere hochherzige Ankündigungen hören. Ob sie verwirklicht werden, ist zweifelhaft, vor allem angesichts des »Energiehungers« der Schwellenländer und der offenen

Absage ihrer Vertreter an eine Politik der Dekarbonisierung. Mitte 2015 bezeichnete der frühere indische Umweltminister Jairam Ramesh die Idee, die Nutzung der fossilen Energieträger in diesem Jahrhundert zu beenden, als »eine sehr romantische Vorstellung«. Das Ziel, die globale Erwärmung bei 2 °C zu begrenzen, sei schlicht unerreichbar. Indien wolle seinen Kohleverbrauch bis 2030 vervierfachen und denke nicht daran, wie China »das Jahr 2030 als das Jahr festzulegen, von dem an der Kohleverbrauch wieder sinkt«[25].

Gewichtige Gründe sprechen dagegen, dass sich die gutgemeinten Vorsätze zu einer klimapolitischen Kehrtwende verwirklichen lassen. Das zentrale Problem, mit dem eine weltweite Abkehr von den fossilen Brennstoffen konfrontiert ist, ist das unter dem Namen *tragedy of the commons* bekannte Dilemma: Die Akteure, hier die Nationen der Erde, möchten jeder für sich ein möglichst großes Stück vom knapper werdenden Belastungsspielraum der Atmosphäre vereinnahmen. Sofern keine zentrale Instanz den Wettbewerb begrenzt, schlägt die Entwicklung eine ruinöse Richtung ein. Die Aufnahmefähigkeit der Atmosphäre für Kohlenstoff wird ebenso übernutzt, wie im analogen Fall die Ozeane überfischt wurden. Indem jeder Einzelne mehr von der Ressource verbraucht, als die Erhaltung der Ressource für alle zulässt, wird die Ressource nach und nach so geschädigt, dass für spätere Nutzer wenig übrig bleibt. Der naheliegende Ausweg einer vertraglich verabredeten Selbstbeschränkung wird nicht ergriffen, weil es dafür an Motivation fehlt, sowohl auf der Seite der Ressourcenbesitzer als auch auf der Seite der Ressourcennutzer. Auf eine Ressourcenverknappung ist dabei nicht zu zählen. Bis 2005 hatte Schätzungen zufolge die Menschheit nicht mehr als 3 Prozent der vorhandenen Kohlevorräte verbraucht, 16 Prozent der Erdölvorräte und 6 Prozent der Erdgasvorräte.[26] Aber auch sonst fehlt es für die Besitzer von Kohle, Erdöl und Erdgas an Anreizen, diese Brennstoffe im Boden zu lassen. Im Gegenteil haben viele ressourcenbesitzende Länder Gründe, möglichst große Mengen an fossilen Brennstoffen möglichst schnell auf den Markt zu werfen, einerseits um dem befürchteten Erlahmen der Nachfrage zuvorzukommen, andererseits wegen der in ihrer Region bestehenden oder erwarteten politischen Instabilitäten. Auch auf der Seite der Nachfrage gibt es wenig Anreize zur Nutzungsminderung. Die Infrastrukturen der meisten Länder sind zu großen Teilen auf fossile Brennstoffe ausgelegt, so dass mit einem Übergang zu alternativen Energien hohe Umstellungskosten anfallen, und die Wachstumsziele der Volkswirtschaften insbesondere der Schwellenländer sorgen für eine unvermindert hohe Nachfrage. Insofern ist die kontinuierliche Steigerung der Emissionen von Kohlendioxid seit 1990 entgegen allen Warnungen nicht überraschend.

Auch für die Zukunft ist eine Dekarbonisierung in dem für das 2°C-Ziel erforderlichen Umfang nur bei großem Optimismus zu erwarten. Dieses Ziel impliziert, dass die Emissionsraten ab sofort so rasch sinken, dass es bis 2050 zu einer Halbierung der globalen Emissionen gegenüber 1990 kommt.[27] Im Prinzip stehen für die meisten Nutzungsformen Substitute zur Verfügung, für die Stromerzeugung etwa Kernkraft und regenerative Energieerzeugung aus Sonne, Wasser, Wind und Erdwärme, die Erhöhung des Wirkungsgrads der Energieumsetzung durch Kraft-Wärme-Kopplung, die Modernisierung von Industrieanlagen sowie die verschiedenen Formen der Ersparnis fossil erzeugter Energien in Industrie, Bauten, Haushalt und Verkehr. Selbst im bisher von klimapolitischen Bemühungen weitgehend vernachlässigten Individualverkehr kündigen sich mutmachende Entwicklungen an, etwa neue Antriebsformen wie die mit Wasserstoff oder mit regenerativ erzeugtem Methan betriebene Brennstoffzelle. Bisher fehlt es allerdings an spürbaren Anreizen.

Die Emissionsreduktion ist nicht der einzige Weg, den eine Klimapolitik einschlagen kann. Ein zweiter Weg ist die Schaffung zusätzlicher Absorptionspotentiale. Je mehr pflanzliche Organismen auf der Erdoberfläche wachsen und je mehr trockengelegte Moore »wiedervernässt«, das heißt, in ihre ursprüngliche Form zurückgeführt werden, desto mehr Kohlendioxid wird aufgenommen und in klimatisch unbedenkliche Substanzen umgewandelt. Allerdings ist die Klimawirksamkeit einer Schaffung von Kohlenstoffsenken, insbesondere durch Aufforstung, stärker umstritten als die der Emissionsminderung. Es ist nicht erwiesen, dass selbst eine großflächige Aufforstung bei weiterhin steigenden Treibhausgasemissionen einen nennenswerten Effekt auf das Weltklima hat.

Auch hinsichtlich dieser Option lassen die bisherigen Trends wenig Raum für Optimismus. Bei der Schaffung neuer Kohlenstoffsenken ist die Bilanz bis auf weiteres negativ. Nach einer Schätzung des IPCC verschwinden jedes Jahr 13 Millionen Hektar Wald, während nur fünf Millionen Hektar durch Aufforstung neu geschaffen werden. Der größte Teil davon entfällt auf die Umwandlung von tropischem Regenwald in landwirtschaftliche Flächen in Entwicklungsländern wie Äthiopien oder Madagaskar, wo ein großer Teil der wachsenden Bevölkerung Subsistenzwirtschaft betreibt und zur Selbstversorgung auf die – zumeist illegale – eigenhändige Rodung von Wald angewiesen ist. Mitbeteiligt am Waldverlust sind auch die großflächigen Waldrodungen in Indonesien zur Anlage profitabler Palmölplantagen. Da ein Großteil des abgeholzten Waldes nicht in dauerhafter Form genutzt wird, sondern verbrannt oder dem Vermodern überlassen wird, wird die Atmosphäre zusätzlich mit Kohlendioxid belastet. Schätzungen zufolge sind die Emissionen aus Abholzung nur geringfügig geringer als die gesamten Emissionen aus dem Straßen-, Wasser- und Luftverkehr.[28] Eine Absenkung der Freisetzung aus Zersetzungsprozessen ließe sich vor allem durch eine Verarbeitung gerodeter Waldbestände einschließlich des Unterholzes in Formen erreichen, die den in der Biomasse gespeicherten Kohlenstoff dauerhaft speichern, etwa in Möbeln oder Holzhäusern. Dafür gibt es gegenwärtig allerdings wenig Anreize.

Das Extrem der Dysfunktionalität in Bezug auf den Klimaschutz stellt sicher die Politik der Rodung von Regenwald zugunsten der Herstellung von Biokraftstoffen dar. Nicht weniger als drei Faktoren der Klimabelastung kommen zusammen: die Zerstörung der Kohlendioxidsenke Regenwald (die Neupflanzungen binden sehr viel weniger Kohlenstoff als die ursprüngliche Vegetation), die Umwandlung des Holzes zu Kohlendioxid durch Verbrennung (soweit es nicht als Tropenholz verkauft werden kann) und (im Fall der Biokraftstoffe) die nochmalige Verbrennung der gewonnenen Produkte in Dieselmotoren.

Angesichts dieser Trends muss in der Tat gefragt werden, ob es nicht »bereits zu spät ist«. Nichts deutet darauf hin, dass das vom IPCC in seinem Bericht von 2007 formulierte Ziel erreicht wird, bis 2050 die Emission von Treibhausgasen gegenüber 1990 um 50 bis 85 Prozent zu mindern und die Erwärmung im Jahr 2050 bei nicht mehr als 2 bis 2,4 °C anzuhalten.[29] Vorerst jedenfalls weisen die Ziele einer nachhaltigen Klimapolitik und das faktische Verhalten der Weltgemeinschaft in entgegengesetzte Richtungen.

3. Klimaethik: drei Ebenen

Eine Unterscheidung, die sich auf vielen anderen Feldern der angewandten Ethik bewährt hat, empfiehlt sich auch für die Klimaethik: nämlich die zwischen drei Ebenen, auf denen ethische Überlegungen angestellt werden. Dies sind die ideale, die nichtideale und die pragmatisch-strategische Ebene.[30]

Auf der Ebene der *idealen* Theorie wird gefragt, wie eine in abstracto ethisch wünschenswerte Lösung aussehen könnte oder müsste, wobei von den realen Handlungsbeschränkungen abgesehen wird – sowohl von den de facto bestehenden normativen Vorgaben (etwa den geltenden Rechtsnormen einschließlich des Völkerrechts) wie auch von den anthropologisch-psychologischen Grenzen der Verwirklichung moralischer Forderungen. Auf dieser Ebene geht es um eine Verständigung über die Zielgrößen, an denen die in der Praxis geltenden Normen gemessen werden sollen.

Auf der Ebene der *nichtidealen* Theorie wird gefragt, wie die auf der idealen Ebene als ethisch optimal oder vertretbar ausgezeichneten Normen unter den realen Gegebenheiten in praxisnähere Normen »übersetzt« werden können. Es geht darum, wie die unter Realbedingungen zur Anwendung kommenden Regeln aussehen müssten, um die auf der Ebene der idealen Theorie formulierten Zielgrößen verwirklichen zu können. Anders als auf der idealen Ebene geht es auf dieser Ebene weniger um die moralisch erwünschten *Ergebnisse* als um die zu ihrer Erreichung notwendigen oder geeigneten *Normierungen* und *Handlungsorientierungen.* Während auf der Ebene der idealen Theorie Ziele im Sinne von anzustrebenden *Zustandsgrößen* im Vordergrund stehen, rücken auf der nichtidealen Ebene *Verhaltensnormen* in den Vordergrund, etwa in Gestalt von Verpflichtungen und Selbstverpflichtungen. Wie solche Normen zu gestalten sind, hängt dabei nicht mehr nur von den idealen Normen auf der ersten Ebene ab, sondern auch von den faktischen Gegebenheiten, soweit sie nicht oder nur unter erheblichen ethischen Verlusten zu ändern sind. Zu diesen Bedingungen gehören insbesondere die geltenden rechtlichen und völkerrechtlichen Vorgaben und die langfristig geschlossenen Verträge, soweit kein Interesse an deren Kündigung aus zwingenden anderweitigen Gründen besteht. Sind diese Bedingungen derart, dass sich die idealen Ziele nur in engen Grenzen realisieren lassen, wäre es möglicherweise dysfunktional, sie sich in ihrer idealen Reinheit unmittelbar zur Verhaltensregel zu machen. Auch wenn es auf der Ebene der nichtidealen Theorie noch nicht um die praktische Realisierung von Normen geht, müssen die auf dieser Ebene formulierten Normen doch praxistauglich sein, wenn sie etwas bewirken sollen. Sie dürfen nicht als Utopien abgetan werden. Dabei darf der Ausdruck »Normen«, soweit es um diese Ebene geht, nicht zu eng verstanden werden. »Normen« dient auf dieser Ebene eher als Oberbegriff für die Gesamtheit der zielrelevanten Verhaltensorientierungen, zu der neben Geboten und Verboten auch individuelle und kollektive Leitbilder und Verhaltensmodelle gehören. Neben die *Ethik* tritt das die Verwirklichung des ethisch Geforderten unterstützende *Ethos*. Ethosnormen und Tugendbegriffe dienen als Katalysatoren sowohl der Anerkennung der jeweiligen Normen als auch ihrer Internalisierung und Einhaltung.[31]

Auf der pragmatisch-strategischen Ebene schließlich geht es um die Durchsetzung der nichtidealen Normen unter den faktisch bestehenden Bedingungen. Auf dieser Ebene herrscht das Gebot der Zweckrationalität – das Gebot, Strategien zu entwickeln, zu erproben und zu praktizieren, mit denen so viel wie möglich von dem Gehalt der Normen der zweiten Ebene verwirklicht werden kann. Dabei stehen in der Regel mehrere hochrangige Normen in einem Konkurrenzverhältnis. Jede Strategie zur Durchsetzung von Norm A muss daraufhin geprüft werden, wie weit sie die Durchsetzung der möglicherweise ebenso berechtigten Normen B, C usw. gefährden könnte. Ist ein strategisches Ziel A nicht anders durchsetzbar als unter Hintansetzung des Ziels B – etwa wenn die Rechte der Zielgruppe der Strategie von A nur unter Verletzung der Rechte der Zielgruppe von B durchsetzbar sind –, muss abgewogen werden, welche Rechte schwerer wiegen, bzw. müssen Kompromisslösungen gesucht werden.

Eine weitere Bedingung, die pragmatisch-politische Strategien erfüllen müssen, ist Umsetzbarkeit (*feasibility*), sie müssen also mit den bestehenden Machtverhältnissen vereinbar sein. Dieses Merkmal schränkt insbesondere den Spielraum von Strategien ein, die von den politischen Akteuren den Verzicht auf die Durchsetzung von Eigeninteressen verlangen.

Unter diesem Gesichtspunkt wird vielfach pauschal bezweifelt, dass der Klimaethik eine irgendwie geartete praktische Bedeutung für die Klimapolitik zukommt. Klimapolitische Strategien seien so entscheidend von Interessenlagen statt von ethischen Prinzipien bestimmt, dass eine Klimaethik zwangsläufig wirkungslos bleibe. Wenn ethische Prinzipien vertreten werden, dann allenfalls als Lippenbekenntnisse im Dienste realpolitischer Ziele. Prototypisch für diese Perspektive ist das von den amerikanischen Juristen Eric A. Posner und David Weisbach formulierte Prinzip des internationalen Paretianismus (benannt nach Vilfredo Pareto): Mit einem bindenden internationalen Vertrag über Emissionsbegrenzungen sei erst dann zu rechnen, wenn sich alle vertragschließenden Nationen daraus einen Vorteil ausrechnen.[32] Nur in einer Win-win-Situation sei ein gemeinsames und abgestimmtes Vorgehen denkbar. Die Autoren berufen sich dabei nicht auf eine vorgefasste Apriori-Psychologie, sondern auf die – bisher überwiegend enttäuschende – historische Erfahrung. Das bisherige Scheitern von bindenden klimapolitischen Vereinbarungen folgt für sie schlicht aus der mangelnden Bereitschaft der Hauptemittenten, Nachteile zugunsten des großen Ganzen in Kauf zu nehmen. Mit ihrer Zustimmung zum Kyoto-Protokoll hätten die größeren Länder nur scheinbar Opfer für das globale Wohl gebracht. Vielmehr habe das Protokoll von keinem der beteiligten Länder Opfer verlangt – außer den Vereinigten Staaten, die dem Vertrag deshalb auch nicht beigetreten seien. Insbesondere Deutschland und Großbritannien hätten sich ausgerechnet, die Bedingungen des Protokolls leicht erfüllen zu können, die einen durch die Erneuerung der Energieversorgung in den neuen Bundesländern, die anderen durch den ohnehin geplanten Wechsel von Kohle zu Erdgas als Hauptträger der Energieversorgung.[33]

Auch wenn die bisherige Erfahrung Posner und Weisbach bestätigt: Das Prinzip des internationalen Paretianismus erscheint überzogen pessimistisch. Erstens sind für das Zustandekommen eines globalen Vertrags in der Regel nicht die Vorteilskalküle aller Vertragschließenden entscheidend, sondern die der mächtigsten Akteure, denen sich dann andere anschließen. Andernfalls kämen nahezu keine bindenden Verträge zustande. Zweitens finden sich in der Geschichte der globalen Umweltverträge auch Beispiele für einen Willen zur Selbstbeschränkung um gemeinschaftlicher Ziele willen, etwa das bereits zitierte Montreal-Protokoll zur Begrenzung der Freisetzung von Fluorchlorkohlenwasserstoffen. Einschränkend muss allerdings gesagt werden, dass dieser Vertrag für die Vertragschließenden ökonomisch nur marginal bedeutsam war und bereits zum

Zeitpunkt des Vertragsschlusses Ersatzstoffe zur Verfügung standen.

Das Drei-Ebenen-Modell von Klimaethik und Klimapolitik spiegelt die unterschiedlichen Weisen, mit denen in Ethik, Politik und öffentlicher Diskussion mit Fragen des Klimawandels umgegangen wird. Um von den obersten ethischen Prinzipien zu konkreten Handlungsanleitungen zu kommen, ist dabei jeweils ein »Abstieg« zu bewältigen, bei dem zusätzliche Variablen zu berücksichtigen sind. Eine naheliegende Analogie ist der »Abstieg« von grundlegenden Verfassungsnormen (wie »Eigentum verpflichtet«) zu der Vielzahl von Regeln, in die diese für die Praxis in justiziable Rechtsnormen »übersetzt« werden, und von diesen zu der noch größeren Vielzahl von Verordnungen, Verwaltungsvorschriften und Handlungsanweisungen, die die Verfassungsnorm für die konkrete Praxis – etwa der Besteuerung oder der Sozialversicherung – operationalisieren. Eine Analogie zur Abstufung von Verfassungs-, Gesetzes- und Ausführungsnormen besteht auch insofern, als die auf der Ebene der idealen Normen formulierten Prinzipien der Klimaethik in der Regel höchst einfach strukturiert sind, die Interpretations- und Konkretisierungslasten also der zweiten und dritten Ebene aufgebürdet werden. Die in der gegenwärtigen Debatte formulierten Idealnormen sind in der Regel so relativ einfach gestrickt, dass sie zur Ableitung politischer Strategien der Interpretation und Konkretisierung bedürfen.

Beispielhaft lässt sich das an einer Konzeption zeigen, die in der Klimaethik gegenwärtig zu den am häufigsten vertretenen gehört: die einer Gleichverteilung von Emissionsrechten auf alle Erdenbürger.[34] Die Idee, die Gerechtigkeit der Verteilung der Nutzungsrechte an einem egalitären Maßstab zu messen, hat zunächst etwas Bestechendes: Jeder Staat hätte die Wahl, den ihm je nach Bevölkerungszahl zugewiesenen Spielraum an Emissionen zu nutzen, einen Teil seiner Emissionsrechte an andere zu verkaufen oder zusätzliche Emissionsrechte zu dem jeweils aufgrund des Wechselspiels von Angebot und Nachfrage gebildeten Marktpreis zu erwerben. Dies kann allerdings nur für die ideale Ebene gelten, bei der von den Verhältnissen der realen Welt abgesehen wird. Als ein Prinzip der konkreten Klimaethik scheint es eher weniger geeignet. Zum Beispiel könnten von einer Verteilung der Emissionsrechte nach der Bevölkerungszahl eines Landes Anreize für eine natalistische Bevölkerungspolitik ausgehen, die die Klimaprobleme langfristig verschärfen; es wäre zweifelhaft, ob die Entwicklungsländer, denen der Emissionshandel erhebliche finanzielle Mittel bescheren würde, diese zukunftsgerecht nutzen würden; und nicht zuletzt wäre bis zu dem Zeitpunkt, zu dem ein globaler Emissionshandel eingerichtet und entsprechende Kontrollmechanismen installiert wären, die Belastungsgrenze aller Wahrscheinlichkeit nach bereits überschritten.

Das heißt nicht, dass ideale Normen überflüssig sind. Nur die Prinzipien auf der idealen Ebene können den konkreteren Normen auf der zweiten und den politischen Strategien auf der dritten Ebene ethischen Sinn und ethische Legitimation geben. Nur sie können die Zwecke liefern, zu denen die Normen auf der zweiten und die Strategien auf der dritten Ebene die Mittel sind.

Die Prinzipien der pragmatisch-strategischen Ebene, wie sie im politischen Rahmen vertreten werden, weisen typischerweise eine Besonderheit auf, durch die sie sich von den Normen auf den beiden »höheren« ethischen Ebenen unterscheiden: Sie gehen in höherem Maße als die Prinzipien auf den übergeordneten Ebenen vom Status quo aus oder stellen diesen zumindest weniger radikal in Frage. Dies liegt daran, dass hier Konflikte minimiert und möglichst wenig »Reibungsverluste« im Inneren und im Äußeren riskiert werden sollen. Das lässt sich den entsprechenden klimaethischen Vorschlägen bereits äußerlich ansehen. Je »höher« die Ebene, desto häufiger werden die Reduktionsziele absolut – in Mengen pro Kopf – formuliert, während die real vertretenen klimapolitischen Ziele eher in prozentualen Relationen zu einem Referenzjahr (wie etwa 1990, dem Jahr der Veröffentlichung des ersten Berichts des Weltklimarats) formuliert werden. Darüber hinaus setzen aus der Philosophie kommende klimaethische Entwürfe im Allgemeinen sehr viel drastischere Reduktionsziele als aus den Wirtschaftswissenschaften kommende; diese wiederum gehen ihrerseits vielfach über die faktischen nationalen und internationalen Planvorgaben hinaus. Unter dem Gesichtspunkt der Akzeptanz ist eine Orientierung an Referenzpunkten zumeist sinnvoll. Auf diese Weise lassen sich die historisch gewachsenen Strukturen und Verhaltensweisen berücksichtigen, die bei absoluten Zielen unberücksichtigt blieben. Die Gerechtigkeit der Lastenverteilung wird daran orientiert, dass alle Beteiligten ungefähr denselben *relativen* Aufwand treiben, um ihre Emissionen zu verringern. Die Ungleichheit des Ausgangsniveaus wie auch die Ungleichheit der effektiven Belastung bleibt dabei unangetastet.

Auf diese Weise wird zumindest ein Anschein von Gleichheit erweckt. Aber ob eine Norm, die alle mit derselben prozentualen Reduktionsverpflichtung belastet, deshalb auch schon »gerechter« ist als andere, ist damit nicht gezeigt. Dazu wäre zunächst zu klären, ob die Verteilung der Treibhausgasmissionen auf die verschiedenen Akteure im Referenzjahr gerecht war. Falls die Verteilung schon im Referenzjahr ungerecht war, wird diese Ungerechtigkeit durch eine »gerechte« relative Reduktion nicht wesentlich gemindert. Außerdem werden die Reduktionsleistungen, die einzelne Länder bereits vor dem Referenzjahr erbracht haben, nicht honoriert.

Die in der Politik verbreitete Orientierung klimapolitischer Zielsetzungen an einem als Referenzpunkt vorausgesetzten Ausgangsniveau wird in der Fachdebatte *Grandfathering* genannt: Die Verhältnisse, wie sie »zu Großvaters Zeiten« waren, werden als im Grundsatz erhaltenswert vorausgesetzt. Diesem Prinzip einer möglichst weitgehenden Bestandserhaltung folgen Regierungen – demokratische wie autokratische – gern, um möglichst wenige bestehende Planungen zu durchkreuzen und möglichst wenig Verunsicherung zu riskieren. So ist auch bei der anfänglichen Festsetzung der Zahl der Emissionsrechte unter der in der EU geltenden Zertifikatsregelung verfahren worden. Als Maß der Zuteilung fungierte wesentlich die Menge des bisherigen Ausstoßes von Treibhausgasen – so dass diejenigen Industrien, die bereits viel Treibhausgas emittierten, dies tendenziell auch weiterhin tun konnten. Zusätzlich wurden Industriezweige privilegiert, bei denen eine Anpassung an erhöhte Reduktionsziele bedeutet hätte, die bisherige Produktion ganz aufzugeben. Zum Schutz der Emittenten wurden teilweise sogar mehr Emissionsrechte zugeteilt, als in den Vorjahren Emissionen getätigt worden waren.[35] Auf diese Weise war vorprogrammiert, dass das Zertifikationssystem – im Prinzip ein vorbildliches System des angemessenen Lastenausgleichs – weitgehend wirkungslos blieb.

Anders als in der *Klimapolitik* mit ihrem Interesse an Bestandssicherung findet das Grandfathering in der *Klimaethik* nur wenig Fürsprecher. Zwar wird auch von den Vertretern der Klimaethik nicht bestritten, dass ein möglichst reibungsarmer Übergang zu einem nachhaltigen Wirtschaften ein ethisch legitimer Gesichtspunkt ist. Ohne seine Berücksichtigung hätte eine Klimapolitik insbesondere in Demokratien wenig Chancen. Abgelehnt wird dieses Prinzip vor allem aus empirischen Überlegungen. Es hat sich zumindest bisher als untauglich erwiesen, den von Klimaethik und Klimapolitik gemeinsam formulierten Zielen näherzukommen. Nach Auffassung der großen Mehrheit der Klimaethiker sind die bisher eingeschlagenen Umsetzungsstrategien noch zu stark von dem Wunsch nach Aufrechterhaltung bestehender Strukturen und Beibehaltung herkömmlicher wirtschaftspolitischer Ziele bestimmt, um der globalen Bedrohung durch den Klimawandel angemessen zu begegnen.

Es ist insofern nicht verwunderlich, dass nahezu alle Philosophen, die schwerpunktmäßig im Bereich der Klimaethik arbeiten – unabhängig davon, von welchen ethischen Theorien sie im Einzelnen ausgehen –, gegenüber der gegenwärtig praktizierten Klimapolitik eine dezidiert kritische Haltung einnehmen. Noch stärker als im vergleichbaren Fall der Tierethik mit ihrer überwiegend kritischen Einstellung gegenüber der bestehenden Praxis der Tiernutzung ist in der Klimaethik die Überzeugung dominant, dass die gegenwärtige Form des Umgangs mit den klimatischen Gefahren mit so gut wie keinem in der Ethik vertretenen Ansätze vereinbar ist. Gleichgültig, ob man von utilitaristischen oder kantischen Grundsätzen ausgeht oder mit dem Common-sense-Prinzip des Schädigungsverbots (*neminem laede*) argumentiert – aus keiner ethischen Perspektive erscheint die gegenwärtige Übernutzung der Aufnahmekapazität des Klimasystems moralisch vertretbar, so Christoph Lumer schon 2002.[36] In den rund 15 Jahren, die seit Lumers Einschätzung vergangen sind, ist die Kluft zwischen Sein und Sollen sogar noch größer geworden. Der Problemdruck hat kontinuierlich zugenommen, beispielsweise durch die Ausräumung der damals noch verbreiteten Zweifel an den Klimaprognosen. Während das Problematische des weltweiten Eintrags von Treibhausgasen in die Atmosphäre zunehmend anerkannt worden ist, hat die Praxis das Problem kontinuierlich weiter verschärft.

Da die Ethik sowohl für die ideale wie (zusammen mit anderen Disziplinen) für die nichtideale Theorieebene zuständig ist, sehen wir uns zunächst das Normenangebot an, das die Ethik für den Bereich der Klimaproblematik auf diesen Ebenen bereithält.

Ideale Klimaethik als leitende Utopie

Die ideale Klimaethik ist wie jede ideale Ethik eine utopische Ethik. Sie geht von kontrafaktischen Voraussetzungen aus, indem sie fragt, wie wir handeln würden, wenn wir frei wären von den vielfältigen Hindernissen und Hemmnissen, die dem Tun des moralisch Richtigen im Wege stehen: überkommene Gewohnheiten, soziale Erwartungen und Traditionen, Gruppenloyalitäten, vor allem aber der allgegenwärtige Hang zur Durchsetzung selbstbezogener Interessen. Die ideale Ethik beschreibt die Moral des »Erzengels«, so Richard Hare[37] – ein realitätsfremdes, aber dennoch als Hintergrundfolie für die Kritik der faktischen Moral und des faktischen Handelns unentbehrliches Konstrukt.

Diese Unentbehrlichkeit hat mehrere Dimensionen. Unentbehrlich ist die »Erzengel«-Moral zunächst, um der für die Praxis geeigneteren, handhabbareren und lehr- und lernbaren nichtidealen Moral, der Moral der »Praxisnormen«[38], eine *Fundierung* zu geben. Ohne die ideale Moral hingen die für die Praxis tauglichen Moralnormen in der Luft. Es wäre nicht mehr erkennbar, warum genau *diese* Moralnormen gelten sollten und nicht andere und warum wir gelernt haben oder lernen sollten, genau *diese* Praxisnormen für intuitiv plausibel zu halten.

Zum anderen eröffnet eine Systematisierung Chancen für ein Verständnis dafür, wie die – auf den ersten Blick heterogenen und unverbunden scheinenden – »Intuitionen«

zusammenhängen. Sie eröffnet Chancen dafür, diese Verschiedenheit als eine Anpassung der jeweiligen Grundnormen an die Gegebenheiten der Lebensbereiche zu verstehen, in denen sie zur Anwendung kommen. Ein Beispiel ist die Vielfalt der Gerechtigkeitskriterien: Vergeltungs-, Verdienst- und Bedürfniskriterien stehen hier scheinbar unverbunden nebeneinander und geraten häufig in Konkurrenz. Wie sich die verschiedenen Gerechtigkeitskriterien dennoch kontextbezogen als Praxisnormen rechtfertigen lassen, hat John Stuart Mill in seinem Pamphlet *Utilitarianism* vorgezeichnet.[39] Mill rekonstruiert die verschiedenen miteinander unvereinbaren Gerechtigkeitsprinzipien als »Ausführungsbestimmungen« des von ihm zugrundegelegten idealen Prinzips der gesellschaftlichen Nutzenmaximierung. Sie konkurrieren nicht mit dem Nützlichkeitsprinzip, sondern ordnen sich ihm unter, indem sie es für bestimmte Anwendungsbereiche spezifizieren. Gleichzeitig werden Gerechtigkeitsprinzipien funktionalistisch interpretiert, als gesellschaftliche Objektivierungen grundlegender menschlicher Interessen und der mit ihnen einhergehenden Emotionen und Motivationen. Gerechtigkeitsprinzipien sind nach dieser Auffassung Operationalisierungen des idealen Prinzips nach Maßgabe anthropologischer Gegebenheiten, etwa der Möglichkeiten einer Verhaltensänderung durch positive und negative Sanktionen, der Existenz von Vergeltungsbedürfnissen, von Neidgefühlen und eines starken Bedürfnisses nach Selbstachtung.

Drittens erwächst dem Mehr-Ebenen-Modell durch den Rückgang auf grundlegendere Prinzipien ein *kritisches Potential*, das es erlaubt, die geltende Moral zumindest in einzelnen ihrer Teile in Frage zu stellen. So haben etwa die je auf ihre Art monistischen Prinzipienethiker Kant und Bentham die geltenden Moralprinzipien einerseits auf ein einziges Prinzip (den kategorischen Imperativ bzw. das Nützlichkeitsprinzip) zurückzuführen versucht, zugleich aber aus diesem Prinzip auch die Leitlinien ihrer Kritik an der zu ihrer Zeit herrschenden Moral geschöpft – Kant mit Bezug auf sein Prinzip der moralischen Autonomie für die Kritik an der Sklaverei, Bentham mit Bezug auf das Nützlichkeitsprinzip für die Kritik an einem einseitig am Vergeltungsprinzip orientierten Strafrecht.

Selbstverständlich kommt auch eine ideale Ethik, die die »Intuitionen«, die die Moral auf der Ebene der Praxis leiten, nicht als letzte Gegebenheiten, sondern als erklärungsbedürftig und erklärungsfähig annimmt, nicht gänzlich ohne »Intuitionen«, das heißt unbewiesene letzte Axiome aus. Der Unterschied zu der Vielfalt der »Intuitionen« der Alltagsmoral liegt jedoch darin, dass diese »Intuitionen« als Axiome fungieren, also explizit und von überschaubarer Zahl sind. Im Folgenden greife ich ebenfalls auf eine derartige zentrale »Intuition« zurück: die Überzeugung, dass formale und inhaltliche Normen der Ethik in grundlegenden Hinsichten übereinstimmen sollten. Die nach meiner Überzeugung konsequenteste Ausfüllung der im modernen Moralbegriff enthaltenen formalen Anforderungen ist in inhaltlicher Hinsicht eine im weitesten Sinne utilitaristische Ethik. Sie schließt am unmittelbarsten an die Intentionen des universalistischen Moralbegriffs der Aufklärung an, insbesondere an das in ihr enthaltene Postulat der Rationalität.

Die These wird gewiss nicht für jeden einsichtig und akzeptabel sein. Wie sie sich begründen lässt, sei deshalb in aller Kürze erläutert.

Moralische Forderungen sind Forderungen, die dem Einzelnen typischerweise sehr viel abverlangen und für deren Verletzung er mit empfindlichen persönlichen, gesellschaftlichen, vielfach auch rechtlichen Sanktionen belegt wird. Deshalb ist es nur fair, dass diese Normen so beschaffen sind, dass sie dem ihnen Unterworfenen auch zumindest so weit einsichtig gemacht werden können, dass sie sich für ihn nicht als beliebig darstellen, sondern eine Chance haben, von ihm als wohlbegründet akzeptiert zu werden. In diesem Punkt unterscheiden sich moralische Normen wesentlich von kulturellen Normen, gesellschaftlichen Konventionen und persönlichen moralischen Idealen. Moralische Normen treten nach diesem Verständnis von Moral mit dem Anspruch auf Allgemeingültigkeit auf. Auch wenn man nicht so weit gehen wird, dieses Kennzeichen bereits für ein hinreichendes Kriterium moralischer Normen zu halten, ist es doch zweifellos charakteristisch für das moderne Moralverständnis: Moral wird danach nicht als eine Form von Loyalität gegenüber partikulären Autoritäten wie Göttern, heiligen Texten, Gebräuchen oder Traditionen aufgefasst, sondern als menschheitsumspannendes und -verbindendes Regelwerk für ein gedeihliches soziales Zusammenleben. Damit sie diese Funktion erfüllen kann, scheint es vernünftig, von der Moral zu verlangen, dass sie alle von ihr Betroffenen und insbesondere diejenigen, denen sie Verpflichtungen auferlegt, gleichermaßen berücksichtigt. Der Anspruch einer moralischen Norm, für alle verbindlich zu sein, kann nur dann als glaubwürdig gelten, wenn die Interessen aller, an die dieser Anspruch gerichtet ist, in der Norm Berücksichtigung finden. Andernfalls hätten diese keinen Grund, diesem Anspruch zu genügen.

Die Gleichberücksichtigung aller Betroffenen ist eine notwendige, aber keine hinreichende Bedingung einer utilitaristischen Idealnorm. Aber auch die für den Utilitarismus in seiner klassischen Ausprägung spezifische Wertlehre lässt sich mit formalen Argumenten plausibilisieren. Was den Utilitarismus von anderen universalistischen Ethiken unterscheidet, ist ja sein axiologischer Monismus, mithin die Tatsache, dass er nur ein einziges Gut, nämlich subjektives Wohlbefinden als intrinsischen Wert, das heißt als um seiner selbst willen erstrebenswertes Gut, anerkennt.

Diese sehr enge Wertbasis ergibt sich aus der Überlegung, dass die von der Moral beanspruchte Allgemeingültigkeit nicht nur erfordert, dass das normative Gerüst der Moral, sondern auch die mit ihnen zusammengehenden Annahmen darüber, was als intrinsisch wertvoll gelten soll, den Anspruch erheben können, im Prinzip von jedermann verstanden, eingesehen und akzeptiert zu werden. Nicht nur auf der Ebene der Normen, sondern auch auf der Ebene der intrinsischen Werte besteht der *moral point of view* darin, aus einer überparteilichen und überpersönlichen Sicht zu urteilen, in der sich die unterschiedlichen interessen- und sympathiebedingten Einzelperspektiven wiederfinden. Nur deshalb, weil wir als moralisch Urteilende von einem überpersönlichen Standpunkt aus urteilen, sind wir legitimiert, jedem anderen unser eigenes moralisches Urteil – mit einem Begriff von Kant – »anzusinnen«. Nur so kann die Forderung, dass der andere mit unserem Urteil übereinstimmt und entsprechend handelt, mehr sein als autoritäre Geste, Suggestion oder Ausübung von Macht. Wer einen Sachverhalt als an sich gut und erstrebenswert beurteilt, sagt damit, dass er objektiv und kategorisch gut und erstrebenswert ist, gleichgültig, ob dies mit seinem Interesse oder den Interessen bestimmter anderer zusammenstimmt. Zwar manifestiert sich auch in der axiologischen Bewertung eines Sachverhalts ein Interesse. Aber dieses Interesse ist in demselben Sinne »interesselos« wie das ästhetische Urteil nach der Theorie des »interesselosen Wohlgefallens«. Es ist Ausdruck nicht der konkreten eigenen Interessen, sondern eines überpersönlichen, von der eigenen konkreten Betroffenheit absehenden verallgemeinerten Interesses.

Das hat zur Folge, dass eine Axiologie, also eine Werttheorie, wenn sie diese anspruchsvolle Bedingung erfüllen soll, *minimalistisch* in dem Sinne sein muss, dass sie lediglich Werte berücksichtigt, die eine Chance haben, von allen als intrinsisch wertvoll akzeptiert zu werden. Diese Anforderung wird, soweit ich sehe, nur von einem einzigen Wert erfüllt, nämlich dem Wert subjektiven Wohlbefindens als eines aus der Sicht des jeweiligen Subjekts positiv bewerteten Bewusstseinszustands. Der Ausdruck »subjektives Wohlbefinden« bezieht sich hierbei auf zwei Arten von Subjektivität: erstens darauf, dass dieses Gut im Bereich der Bewusstseinszustände im weitesten Sinne angesiedelt ist, als eine positive emotionale Gestimmtheit; zweitens darauf, dass die positive Qualität dieser Gestimmtheit abhängig ist von einer ihrerseits subjektiven Selbstbewertung. Darüber, wie es gestimmt ist, entscheidet das jeweilige Subjekt nach seinen eigenen Maßstäben. Welche äußeren und inneren Glücksgüter einem Menschen dieses Wohlbefinden verschaffen, ist damit nicht vorentschieden. Dies hängt davon ab, was für ein Mensch er ist und vor allem welche Ansprüche er an die ihm verfügbaren Glücksgüter stellt. Wohlbefinden ist, wie Schopenhauer im Anschluss an Epikur meinte, ein »Bruch«, bei dem der »Besitz« – die Glücksgüter – im Zähler und die Ansprüche im Nenner stehen.[40]

Nur dieser Minimalwert des im doppelten Sinn subjektiven Wohlbefindens besteht, meine ich, den Test der Allgemeingültigkeit. Dass es grundsätzlich besser ist, dass jemand sich seiner eigenen Einschätzung nach besser als schlechter fühlt, ist eine elementare Wertannahme, die allen axiologischen Systemen in Vergangenheit und Gegenwart ungeachtet ihrer sonstigen Meinungsverschiedenheiten zugeschrieben werden kann. Während über den intrinsischen Wert von Tugend, Würde oder Gerechtigkeit ein unauflöslicher Dissens besteht, scheint die Annahme, dass das, was ein Subjekt an sich selbst und unabhängig von den Folgen als positiven Bewusstseinszustand empfindet, auch objektiv etwas Positives ist, ein gemeinsamer Besitz aller jemals vorgeschlagenen Axiologien zu sein.

Damit ist allerdings erst ein normativer Rahmen gegeben, der in mehr als einer Weise ausdifferenziert werden kann. Eine utilitaristische Idealnorm lässt sich in mehreren Varianten vertreten, die sich in ihren Konsequenzen für die zweite Ebene unterscheiden. Unterscheiden lassen sich erstens eine *positive* und eine *negative* Variante. Bei der für den klassischen Utilitarismus, wie er von Jeremy Bentham vertreten wird, positiven Variante soll die Gesamtsumme des subjektiven Wohlbefindens maximiert werden, wobei positives subjektives Befinden (*pleasure*) mit negativem subjektivem Befinden (*pain*) verrechnet wird. Was maximiert werden soll, ist also streng genommen nicht Wohlbefinden im Sinne der Gesamtheit der als subjektiv befriedigend erlebten inneren Zustände, sondern im Sinne einer positiven Bilanz. In seiner Anwendung auf das Klimaproblem wirkt sich dieser Unterschied so aus, dass die positive Variante des Utilitarismus die Nutzenverluste, die der gegenwärtig lebenden Generation durch die Vorsorge gegen schädliche Klimaentwicklungen in zukünftigen Generationen entstehen, gegen die Nutzengewinne (abzüglich der Nutzenverluste) abwägt, die zukünftigen Generationen aus dieser Vorsorge entstehen. Die »Kosten« der Reduktion der Treibhausgasemissionen für die Gegenwärtigen werden also mit den »Gewinnen« der zukünftigen Generationen aus der gegenwärtigen Reduktion verrechnet. In seiner negativen Variante berücksichtigt dieses Konzept ausschließlich die Nutzenverluste. Die Nutzenverluste, die der gegenwärtig lebenden Generation durch die Reduktion der Treibhausgasemissionen entstehen, werden gegen die Nutzenverluste abgewogen, die späteren Generationen entstehen, wenn das gegenwärtige Emissionsniveau aufrechterhalten bzw. der gegenwärtige Trend zu stets höheren Emissionen fortgesetzt wird.

Utilitaristische Idealnormen dienen als normative Grundlage für eine ganze Reihe von wirtschaftswissenschaftlichen Modellen der Klimaentwicklung und Klimapolitik. Einige gehen dabei von der positiven, andere von der negativen Variante aus. Die positive Variante liegt dem sogenannten *DICE-Modell* (Dynamic Integrated model of Climate and the Economy) des amerikanischen Wirtschaftswissenschaftlers William D. Nordhaus zugrunde.[41] Dieses Modell ist mittlerweile durch eine differenzierte Regionalisierung verfeinert worden (RICE: Regional Integrated model of Climate and the Economy).[42] Wie alle utilitaristischen Modelle versucht dieses Modell alle für das Klimaproblem relevanten Wertdimensionen vergleichbar und messbar zu machen, indem es sie auf eine einzige Dimension reduziert. Bei Wirtschaftswissenschaftlern geschieht dies hauptsächlich durch eine – mit zahlreichen Methodenproblemen behaftete – »Umrechnung« aller relevanten Werte in Geldwerte. Eine positive Variante des klassisch-utilitaristischen Ansatzes ist im Bereich der deutschsprachigen Klimaethik von Bernward Gesang vertreten worden.[43] Dieser Autor geht allerdings nicht vom Utilitarismus in seiner »reinen« Form aus. Er ergänzt dieses Konzept vielmehr durch ein Katastrophenvermeidungsprinzip, das es verbietet, sich auf Entwicklungen mit möglicherweise katastrophalen Folgewirkungen einzulassen, unabhängig davon, ob sich eine solche Vermeidungsstrategie langfristig »rechnet«.

Einer negativen Variante des klassischen Utilitarismus folgt der *Stern Review*, verfasst von der vom ehemaligen Chefökonomen der Weltbank – Nicholas Stern – geleiteten britischen Kommission zur Begutachtung der ökonomischen Folgen des Klimawandels.[44] Dabei werden ausschließlich die negativen Folgen sowohl einer Laisser-faire- als auch einer dezidiert zukunftsorientierten Klimapolitik berücksichtigt und miteinander verglichen. Ausgezeichnet werden Klimastrategien, die die langfristigen »Kosten« minimieren. Auf der Grundlage seiner detaillierten Berechnungen plädiert der *Stern Review* für eine entschiedenere Politik der Reduktion von Emissionen und für eine Unterstützung der Anpassung an den Klimawandel in den betroffenen Regionen. Dass dieses Modell zu gänzlich anderen Ergebnisse gelangt als das von Nordhaus, geht im Wesentlichen auf die Tatsache zurück, dass es den in der Zukunft anfallenden Nutzen mit einer sehr viel niedrigeren Rate »diskontiert« als das DICE-Modell.[45] Anders als Nordhaus hält es Stern nicht für gerechtfertigt, Nutzen und Schaden späterer Generationen wesentlich geringer zu bewerten als Nutzen und Schaden der gegenwärtig lebenden Generation.

Vorrang für die Ärmsten

Im Folgenden möchte ich von einer dritten, nicht klassischen Variante des Utilitarismus ausgehen, die versucht, einen Mittelweg zwischen positivem und negativem Utilitarismus zu gehen. Sie folgt der positiven Variante darin, dass sie neben dem negativen Nutzen auch den positiven Nutzen berücksichtigt; sie folgt der negativen Variante darin, dass sie den negativen Nutzen vorrangig berücksichtigt. Sie entspricht in gewisser Weise dem Gemeinplatz, dass Glück wichtig ist, dass es jedoch wichtiger ist, Unglück zu verhindern, als Glück zu befördern. Danach ist das Gewicht, das einer Steigerung des Nutzens eines Menschen zukommt, abhängig davon, auf welchem Nutzenniveau sich dieser befindet. Auf einem niedrigen und womöglich negativen Nutzenniveau (etwa wenn dieser Mensch schwer leidet) fällt derselbe Nutzengewinn stärker ins Gewicht als auf einem höheren Niveau.

Die Grundidee dieser Variante wird *Prioritarismus* genannt.[46] Im Gegensatz zu den klassischen Varianten zählt nicht jeder Nutzenzuwachs und jede Nutzenminderung gleich viel, sondern deren Gewicht – und damit deren Relevanz für die Begründung moralischer Rechte und Pflichten – nimmt mit der Höhe des Nutzenniveaus, auf dem sich eine Person befindet, ab. Ein Nutzenzuwachs, der bei jemandem anfällt, dem es bereits sehr gutgeht, soll weniger zählen als derselbe zusätzliche Nutzen bei jemandem, dem es schlechtgeht. Ein Nutzenverlust, der bei jemandem anfällt, dem es schlechtgeht, soll als gravierender bewertet werden als derselbe Nutzenverlust bei jemandem, dem es sehr gutgeht. Die aus einer Handlung oder längerfristigen Strategie für die Betroffenen zu erwartenden Nutzenzuwächse und -verluste werden nicht saldiert, sondern zuvor mit einem dem Ausgangsnutzenniveau entsprechenden Faktor gewichtet, mit der Folge, dass sich Nutzensteigerungen bei den Schlechtergestellten stärker positiv und Nutzenverluste bei den Schlechtergestellten stärker negativ auf die Gesamtsumme des Nutzens auswirken als gleiche Nutzenzuwächse und -verluste bei den Bessergestellten.

Formal wirkt sich diese Gewichtung ähnlich aus wie das Grenznutzenprinzip auf die Berechnung des Nutzens einer bestimmten Güterverteilung. Das Grenznutzenprinzip besagt, dass der *Nutzen* aus dem Konsum eines Guts mit der Menge des Konsums gleichartiger Güter abnimmt. Der Prioritarismus besagt, dass der *Wert* des Nutzens mit dem Niveau des Nutzens abnimmt. Während beim Grenznutzenprinzip als Grundlage eine psychologische Hypothese dient, nach der mit zunehmender Sättigung des Bedürfnisses nach einem Gut jedes weitere Gut einen geringeren Befriedigungsgehalt hat, dient beim Prioritarismus als Grundlage eine ethische Setzung, nach der mit zunehmendem Nutzenniveau jeder zusätzliche Nutzen weniger ins Gewicht fällt.

Der Prioritarismus empfiehlt sich als dem klassischen Utilitarismus überlegen insbesondere dadurch, dass er eine Besonderheit dieser ethischen Theorie abschwächt, die von Beginn an von vielen Kritikern als problematisch empfunden wurde, nämlich seine rein summative Bewertung von Nutzenverteilungen und -umverteilungen in einem Kollektiv.

Der klassische Utilitarismus fordert die Maximierung des Wohlbefindens (des »Nutzens«) aller von einer Handlung Betroffenen. Bei Handlungen, die sich auf die Verteilung des Nutzens in einer Population auswirken, berücksichtigt er deshalb allein den resultierenden Gesamtnutzen, unabhängig davon, wie sich der Gesamtnutzen auf die einzelnen Mitglieder verteilt. Damit erweist er sich als unempfänglich für selbst die elementarsten Aspekte von Verteilungsgerechtigkeit. Solange allein die Summe des Wohlbefindens zählt, ist nicht ausgeschlossen, dass eine Umverteilung von Wohlbefinden von einem in dieser Hinsicht Schlechtergestellten zu einem in dieser Hinsicht Bessergestellten positiv und eine entsprechende Umverteilung von einem Besser- zu einem Schlechtergestellten negativ zu Buche schlägt. Da es lediglich auf die Gesamtsumme des jeweils erreichbaren Nutzens ankommt, wäre es für den klassischen Utilitaristen sogar gleichgültig, ob es allen auf mittlerem Niveau gutgeht oder ob die positive Lebensqualität bei einer kleinen Elite konzentriert wäre, während sich die Masse der Menschen mehr schlecht als recht durchschlagen muss. Zwar soll im Utilitarismus nach dem Motto »Everyone to count for one, and nobody for more than one« der Nutzen eines jeden gleich viel zählen – unabhängig von Verdienst, Rang oder Ansehen. Aber dieses Gleichheitsprinzip schließt eine gravierende Ungleichheit in der Nutzenverteilung nicht aus.[47]

Ein Beispiel ist etwa die Verschärfung der Strafen für Delikte wie Diebstahl, die vorwiegend von relativ schlechtgestellten Mitgliedern der Gesellschaft begangen werden. Eine solche Verschärfung muss nach den Prinzipien des klassischen Utilitarismus immer dann als zulässig, wenn nicht sogar als gefordert gelten, wenn der zusätzliche positive Nutzen der höheren Sicherheit der bestohlenen und in der Regel bessergestellten Mitglieder der Population größer ist als der negative Nutzen der in der Regel schlechtergestellten Diebe infolge verschärfter Strafen. Nach der prioritaristischen Variante ist das weniger eindeutig, da die Schlechterstellung der Schlechtergestellten stärker ins Gewicht fällt als die Besserstellung der Bessergestellten. Ein anderes Beispiel ist die Erhöhung der Verbrauchssteuern, solange diese nicht primär für die Besserstellung der Schlechtergestellten, sondern für Zwecke genutzt wird, die Besser- und Schlechtergestellten gemeinsam sind. Da die Bessergestellten einen deutlich geringeren Anteil ihres Einkommens für Konsumzwecke einsetzen, trifft eine derartige Steuer die Schlechtergestellten stärker als die Bessergestellten.

Formal verkompliziert der Prioritarismus zwangsläufig die Kalkulation des jeweiligen Optimums. So muss bei der Frage nach der ethischen Optimalität einer Güterverteilung der Wert der Güter für ihre Nutzer *zweimal* korrigiert werden, einmal aus Gründen des abnehmenden Grenznutzens der einer Person zur Verfügung stehenden Güter, ein andermal aus Gründen der Priorisierung niedriger Nutzenniveaus. Der erste Schritt bedeutet, dass etwa der durch ein zusätzliches Einkommen von monatlich 1000 Euro gestiftete Nutzen infolge des abnehmenden Grenznutzens bei einem Bessergestellten, der bereits 10 000 Euro im Monat verdient, geringer ausfällt als bei einem anderen, der 2000 Euro im Monat verdient. Für den Bessergestellten bedeutet das zusätzliche Einkommen psychologisch in der Regel eine geringfügigere Steigerung seines Wohlergehens als für den Schlechtergestellten. Der zweite Schritt bedeutet, dass dieser Grenznutzen, wenn er bei einem Bessergestellten anfällt, wegen der Priorisierung der Schlechtergestellten noch einmal einen Abzug erfährt, so dass er als weniger gewichtig berechnet wird, als wenn er bei einem Schlechtergestellten einträte.

Ersichtlich ist, dass der Prioritarismus insgesamt stärker zu einer Egalisierung der Güterverteilung tendiert als das bloße Grenznutzenprinzip. Allerdings hat er nicht so radikal egalisierende Konsequenzen wie etwa das von John Rawls und Wilfried Hinsch vertretene starke Suffizienzprinzip, nach dem von einer Verbesserung der Lage einer Population mit unterschiedlichen Nutzenniveaus nur dann die Rede sein soll, wenn die jeweils Schlechtestgestellten, also die Gruppe von Menschen auf dem niedrigsten Nutzenniveau, bessergestellt werden.[48] Diese letztere Konzeption erscheint vor allem immer dann unbefriedigend, wenn es keine reale Möglichkeit gibt, die Schlechtestgestellten besserzustellen, aber sehr wohl eine Möglichkeit, die Bessergestellten besserzustellen. Für den starken Suffizientismus kann in diesem Fall auch die Besserstellung der relativ Bessergestellten nicht als Verbesserung der Gesamtlage der Gesellschaft gelten. Diese Konsequenz vermeidet der Prioritarismus, indem er Aufrechnungen zwischen den Niveaus der Besser- und Schlechtergestellten zulässt und nicht ausschließt, dass die Gesamtlage auch dann als verbessert gelten kann, wenn die Verbesserungen ausschließlich bei den Bessergestellten anfallen. Im Extremfall lässt der Prioritarismus sogar die Möglichkeit zu, dass sich die Gesamtlage verbessert, wenn sich die Lage der Bessergestellten so massiv verbessert, dass sie eine Verschlechterung der Lage der Schlechtergestellten selbst noch bei einer starken Priorisierung der Schlechtergestellten kompensiert.

In den letzten Jahren ist der Prioritarismus einige Male klimaethischen Überlegungen als ethische Idealtheorie zugrunde gelegt worden, unter anderem bei Christoph Lumer, Lukas Meyer und Dominic Roser sowie im sogenannten *Greenhouse Development Rights Framework*.[49]

In allen anderen Hinsichten als der stärkeren Gewichtung der Nutzenzuwächse und -einbußen auf niedrigen Nutzenniveaus stimmt der Prioritarismus mit dem klassischen Utilitarismus überein: Er ist – wie alle universalistischen Ethikkonzeptionen – streng *universalistisch* in dem Sinn, dass er keine Bevorzugung des zeitlich, räumlich und emotional Näheren gegenüber dem Ferneren zulässt. Wie im klassischen Utilitarismus ist moralisches Handeln primär *altruistisches* Handeln, das heißt, die Folgen für die Gesamtheit der Betroffenen zählen, nicht nur die Folgen für den Akteur selbst (»altruistisch« bezieht sich hier auf die Handlungsfolgen, nicht auf die Handlungsmotive). Für die Klimaethik heißt das, dass die Art und Weise, wie ferne Völker (etwa die von einem Anstieg des Meeresspiegels bedrohten Bewohner der Küstengebiete von Bangladesch) betroffen sind, nicht mehr und nicht weniger ins Gewicht fällt als die mögliche Betroffenheit der eigenen Familie, Mitbürger oder Landsleute. Das einzige Merkmal, das den Prioritarismus vom klassischen Utilitarismus unterscheidet, ist die Priorisierung der Vermeidung bzw. Abmilderung von Notlagen und Unzulänglichkeiten. Anders als der »negative Utilitarismus«[50] geht er nicht so weit, die Förderung des Wohls und die Steigerung des Wohlbefindens völlig unberücksichtigt zu lassen. Das Wohltun ist auch da, wo keine Not herrscht, verpflichtend, aber erst nachrangig gegenüber der Vermeidung und Minderung von Übel.

Der Prioritarismus stimmt mit dem klassischen Utilitarismus nicht zuletzt darin überein, dass er in besonderer Weise auf eine nichtideale Theorie angewiesen ist – durch den hohen Abstraktionsgrad seiner Prinzipien und die latente Überforderung, die eine unmittelbare Anwendung dieser Prinzipien auf konkrete Entscheidungssituationen bedeuten würde.

Überforderungsreaktionen provoziert der Utilitarismus in kognitiver wie in motivationaler Hinsicht. Mit der Forderung einer umfassenden und die Fernfolgen einbeziehenden Folgenkalkulation stellt er extrem hohe kognitive, mit der Forderung nach einer alle Betroffenen gleichermaßen berücksichtigenden Handlungsbeurteilung extrem hohe motivationale Ansprüche. Es hat sich innerhalb dieser Ethiktradition eingebürgert, die Prinzipien, die das Grundprinzip der Nutzenmaximierung auf die Erfordernisse der Praxis herunterbrechen, mit John Stuart Mill als *Sekundärprinzipien* zu bezeichnen. Sekundärprinzipien fungieren gewissermaßen als die »Ausführungsbestimmungen« dieser Ethik und fallen inhaltlich überwiegend mit den Normen zusammen, die die Substanz deontologischer Ethiktheorien ausmachen. Auf dieser Ebene kommen deshalb auch Begriffe ins Spiel, die auf der Ebene des Primärprinzips keinen Platz finden, etwa Rechte, Gerechtigkeit und Verdienst. Anders als in deontologischen Ethikkonzeptionen, also in Pflichtethiken, wird die Begründung für diese Normen allerdings nicht in ihrer intuitiven Evidenz, sondern in der Kombination des utilitaristischen Idealprinzips der Nutzenmaximierung mit der historischen Erfahrung gesehen. Sie werden nicht als selbstrechtfertigend aufgefasst, sondern folgenorientiert und kontextsensitiv: Als Sekundärprinzip taugt, was sich in seinem spezifischen Kontext erfahrungsgemäß als nutzenstiftend bzw. schadensverhindernd bewährt hat und sich voraussichtlich weiterhin bewähren wird. Gleichbehandlung ist danach nicht eo ipso besser als Ungleichbehandlung, Resultatgleichheit nicht eo ipso besser als Resultatungleichheit, Vergeltung von Unrecht nicht eo ipso besser als Verschonung. Wie weit diese Prinzipien berechtigt sind, hängt vielmehr von den jeweiligen »Sphären« (Michael Walzer) ab und den Funktionen, die sie in diesen Sphären übernehmen.[51] Deshalb sind sie häufig nicht weniger komplex als die Kontexte, in denen sie jeweils nutzenstiftend wirken sollen.

Eine Konsequenz dieser Kontextabhängigkeit ist für den gegenwärtigen Zusammenhang von besonderer Bedeutung: Nicht alle Sekundärprinzipien, die im Bereich der Familie, der lokalen oder nationalen Gemeinschaft ihre Berechtigung haben, können auch im internationalen und globalen Bereich gelten. Aufgrund der Tatsache, dass es sich beim Klimaproblem um ein globales Umweltproblem von räumlich und zeitlich ungewohnt umfassenden Dimensionen handelt, verlieren viele der Kategorien, die sich in den begrenzten Dimensionen der Gruppenmoral bewährt haben, ihre Anwendbarkeit. Eine moralisch begründete Klimapolitik muss langfristiger orientiert sein als politische Entscheidungen mit räumlich und zeitlich begrenzten Folgen und Nebenfolgen; Unterlassungssünden dürfen nicht als verzeihlicher gelten als aktive Schädigungen; und Gleichheitsprinzipien können nicht dieselbe Vorrangigkeit beanspruchen wie im innerstaatlichen Bereich, wo Ungleichheiten die soziale Stabilität einer Gesellschaft und die Bereitschaft zur Solidarität aushöhlen. Auch ein in der innerstaatlichen und transnationalen Umweltpolitik bewährtes Prinzip wie das Verursacherprinzip – ein aus dem Grundprinzip des gerechten Ausgleichs von Schädigungen abgeleitetes und in vielen Bereichen unverzichtbares Gerechtigkeitsprinzip – kann, wie sich zeigen wird, vor dem Hintergrund der zugrundegelegten übergreifenden Moralkonzeption nur eine begrenzte Geltung beanspruchen.

4. Wie weit reichen Solidaritätspflichten?

»Solidarität« bezeichnet seiner Grundbedeutung nach die Loyalität des Mitglieds einer in Raum und Zeit begrenzten Gruppe gegenüber anderen Mitgliedern der Gruppe. Solidarität zeigt man typischerweise gegenüber Gesinnungsgenossen, die für gemeinsame Ziele kämpfen und dabei auf die Mithilfe jedes einzelnen Mitglieds angewiesen sind. »Solidarität« bedeutet dann so viel wie Zusammenhalt und Festigkeit (»Solidität«) des Füreinander-Eintretens. Vorausgesetzt ist dabei, dass zwischen den solidarisch Vereinten weltanschauliche, politische oder andere Bindungen bestehen, möglicherweise verstärkt durch persönliche Face-to-face-Beziehungen, Freundschaften, Sympathien und ein geteiltes Feindbild.

Mittlerweile hat sich ein erweiterter Gebrauch des Begriffs eingebürgert. »Solidarität« bezieht sich danach nicht mehr nur auf eine durch einen gemeinsamen Kampf zusammengehaltene Gruppe, sondern auch auf große Gemeinschaften mit Mitgliedern weitgehend unbekannter Eigenschaften. Um von Solidarität zu sprechen, ist es nicht mehr erforderlich, dass der Einzelne mit denen, mit denen er Solidarität übt oder üben soll, sehr viel gemeinsam hat. Teilweise muss selbst deren Identität für ihn nicht feststehen, wie etwa bei der »Solidarität« mit in der Zukunft Lebenden.[52] In dieser erweiterten Bedeutung dient »Solidarität« als Sammelbezeichnung für Verantwortungsbeziehungen und Verpflichtungsgefühle, die sich auf andere richten, gleichgültig, ob diese dem Verpflichteten bekannt oder hinsichtlich ihrer Eigenschaften spezifiziert sind. Die einzige Voraussetzung ist die reale Möglichkeit, auf das Schicksal dieser anderen durch Handeln und Unterlassen direkt oder indirekt Einfluss zu nehmen. Solidarität entspricht damit einer universalisierten Nächstenliebe, die auch die Fernsten einbezieht.

Darüber, wie weit die Wahrnehmung von Verantwortung nicht nur gegenüber den jeweils Nahestehenden, den »near and dear«, sondern auch gegenüber den räumlich, zeitlich und emotional Fernstehenden moralisch einforderbar ist, gehen die Auffassungen auseinander. Auch wenn unumstritten ist, dass die Vorsorge für spätere Generationen, die Hilfe für die Bewohner fremder Erdteile und die Wahrnehmung von Samariterpflichten gegenüber Fremden als moralisch verdienstvoll und wünschenswert gilt, besteht doch keine Einigkeit darüber, wie weit ein Handeln zum Wohle Fremder, die nicht zum primären Verantwortungsbereich des Einzelnen gehören, moralisch eingefordert werden kann. Aber nicht erst die Frage, ob genuine moralische Verpflichtungen gegenüber zeitlich späteren, räumlich entfernteren und sozial außerhalb der eigenen Bezugsgruppe stehenden Personen bestehen, ist strittig, sondern bereits die Frage, wie weit räumlich, zeitlich oder emotional Entfernte überhaupt in moralische Überlegungen einzubeziehen sind. In diesem Punkt stehen insbesondere die rationalistischen Moralphilosophen, etwa Spinoza und Kant, und die Utilitaristen auf der Seite des Universalismus. Demnach haben die Ferneren denselben Anspruch auf Berücksichtigung wie die zeitlich, räumlich und emotional Näherstehenden. Dagegen neigen viele Wirtschaftswissenschaftler und andere, die sich einer pragmatischeren und politiknäheren moralischen Orientierung verpflichtet fühlen, dazu, dem menschlichen Hang zu Nahorientierung Zugeständnisse zu machen und die Näheren gegenüber den Ferneren zu bevorzugen.

Nah und fern

Eine Gleichbehandlung von Nahestehenden und Fernstehenden findet sich ausgeprägt in der Moral- und politischen Philosophie der europäischen Aufklärung. Hier je ein Beispiel für die zeitliche, die räumliche und die emotionale Dimension:

In seiner Geschichtsphilosophie kommt Kant auf die Frage zu sprechen, ob wir bei den Fernfolgen gegenwärtigen Tuns und Unterlassens auch zeitlich entfernte Wirkungen berücksichtigen müssen und über die zeitliche »Nahverantwortung« für das Morgen und Übermorgen hinaus zu einer »Langzeitverantwortung« verpflichtet sind.[53] Kant bemerkt dazu lapidar, dass es die menschliche Natur mit sich bringe, »selbst in Ansehung der allerentferntesten Epoche, die unsere Gattung treffen soll, nicht gleichgültig zu sein, wenn sie nur mit Sicherheit erwartet werden kann«[54]. Kant leugnet also jede Bevorzugung der Gegenwart gegenüber der Zukunft und schreibt die Bevorzugung der Gegenwart ausschließlich der größeren Ungewissheit zukünftiger Ereignisse zu. Die Sympathiefähigkeit erstrecke sich unbegrenzt über die gesamte zukünftige Menschheit. Im Sinne einer empirischen Anthropologie kann das kaum gemeint sein. Wie die Zukunft »diskontiert« wird, wissen wir inzwischen aus der Psychologie. Die Rate, mit der die Zukunft psychologisch diskontiert wird, ist nicht linear, sondern beschreibt eine hyperbolische Kurve, das heißt, sie nimmt mit der zeitlichen Distanz ab. Ob ein zukünftiges Gut oder Übel in 100 oder 1000 Jahren eintritt, macht für die Bewertung keinen großen Unterschied, während es einen großen Unterschied macht, ob es in 10 oder 100 Jahren eintritt.[55] Kants These lässt sich insofern entweder nur als weltfremde Idealisierung oder aber als Postulat verstehen, im Sinne einer *normativ* verstandenen »menschlichen Natur«.

Ein analoge universalistische Konzeption der Verantwortung in räumlicher Hinsicht findet man bei einem Zeitgenossen Kants, dem Schweizer Naturrechtslehrer Emer de Vattel. Auch Vattel beruft sich in einem gewissen Sinn auf die Natur, allerdings nicht im Sinne der »menschlichen Natur«, sondern im Sinne eines Vernunftrechts. Danach schulden die Nationen einander wechselseitige Hilfe, sofern eine von ihnen diese Hilfe benötigt und zur Selbsthilfe unfähig ist. In seinem Hauptwerk *Das Recht der Völker oder Prinzipien des Naturrechts* von 1758 schreibt er:

> Die Dienste der Humanität sind die Hilfeleistungen, zu denen die Menschen gegenseitig verpflichtet sind in ihrer Eigenschaft als in Gesellschaft lebende Wesen, die notwendigerweise wechselseitigen Beistandes bedürfen, um sich zu erhalten, glücklich zu sein und in einer ihrer Natur angemessenen Art zu lieben. Da nun aber die Nationen den Gesetzen der Natur in gleichem Maße unterliegen wie die Einzelpersonen, schuldet eine Nation den anderen Nationen, was ein Mensch den anderen Menschen schuldig ist. Dies ist die Grundlage der gemeinsamen Obliegenheiten, der Dienste der Menschlichkeit, zu denen die Nationen wechselseitig verpflichtet sind.[56]

Erstaunlich daran ist weniger, dass Vattel diese Position vertritt, als dass er sie für mehr oder weniger selbstverständlich hält. Er legt allerdings Wert darauf, dass internationale Hilfeleistungen stets auch als Hilfe zur Selbsthilfe verstanden werden müssen: »Jede Nation muss also bei sich bietender Gelegenheit nach Kräften dazu mitwirken, daß eine andere Nation nicht nur in den Genuß dieser Vorteile gelangen kann, sondern auch befähigt wird, sie sich selbst zu verschaffen.«[57]

Ein drittes Beispiel für die völlige Ablösung moralischer Pflichten von Nahbeziehungen bietet der politische Philosoph William Godwin mit seinem »Rettungsparadox«.[58] Godwin legt dem Leser seines Buchs *Political Justice* von 1793 die Frage vor, wen er bei einem Brand retten würde, sofern er nur eine einzige Person retten kann. Konkret geht es um Bischof Fénelon und um dessen Kammerdiener. Godwin ist überzeugt, dass es moralisch gefordert wäre, Fénelon zu retten und nicht seinen Kammerdiener, selbst wenn dieser der Bruder, der Vater oder der Wohltäter des potentiellen Retters wäre. Godwin meint, das Leben Fénelons sei um ein Vielfaches wertvoller als das Leben des Kammerdieners, da in seinem Fall zu erwarten ist, dass die Bücher, die er nach seiner Rettung schreiben wird, viele andere moralisch bessern und dadurch wiederum vielen anderen zu einem glücklicheren Leben verhelfen würden. Diese Konsequenz ergibt sich für Godwin aus seiner Maxime: »That life ought to be preferred which will be the most conducive to the general good.«[59]

Es wäre sicher vorschnell, auf alle drei Formen einer universalistischen Entgrenzung der Verantwortung mit dem Hinweis zu reagieren, dass sie zu sehr im Widerspruch zur »menschlichen Natur« stehen, um auch nur eine entfernte Chance zu haben, zu einem Teil der gelebten Moral zu werden. Zuzugestehen ist, dass die entwicklungsgeschichtlichen Ursprünge der Moral in Verpflichtungen gegenüber den Mitgliedern einer eng begrenzten Gruppe liegen (die »Urhorden«, in denen die Menschen in der evolutionär relevanten Epoche lebten, zählten nicht mehr als 100 Mitglieder) und dass diese bleibende Spuren hinterlassen haben. Auch heute, in einer Zeit, in der allerorten »Fernverantwortung« gegenüber Fremden und Unbekannten postuliert wird, ist die Bereitschaft, sie in die Tat umzusetzen, begrenzt. Aber die partikularistischen Erblasten der Moral bedeuten keinen unüberwindbaren Zwang. Dass sie die Motivation zu unpersönlich altruistischem Handeln schwächen und sich zwischen Postulat und Ausführung eine breite Kluft auftut, wird auch von den universalistisch gesinnten Aufklärungsdenkern nicht geleugnet. Kant war zutiefst skeptisch, was die Chancen moralischer Gesinnungen betraf, die Oberhand über den menschlichen Egoismus zu erlangen. Vattel setzt seinem Postulat wechselseitiger Hilfeleistung von Staat zu Staat das Zugeständnis voran: »Würde man sich einbilden, daß Menschen, besonders Machthaber, die natürlichen Gesetze genauestens beachten wollen, so wäre dies ein großer Irrtum.« Allenfalls lasse sich hoffen, dass man damit »auf einige von ihnen einen gewissen Eindruck ausüben könne. [...] Sonst müßte man an der Menschheit verzweifeln.«[60] Und was Godwins »Rettungsparadox« betrifft, so spricht bereits die Tatsache Bände, dass Godwins Priorisierung des nüchternen Nutzenkalküls vor allen persönlichen Bindungen unter dem Titel »Paradox« geführt wird.

Die Vorbehalte, die gegen eine direkte Überführung universalistischer Prinzipien in eine praxistaugliche Moral bestehen, dürfen jedoch nicht verwechselt werden mit Positionen, die die moralpragmatische Relativierung von vornherein in ihre Konzeptionen einbauen und die Differenz zwischen »idealen Forderungen« und Praxisnormen einebnen. Die Folge ist, dass die universalistischen Grundsätze nicht einmal als Ideale anerkannt werden, denen sich die in der Praxis befolgten Normen so weit wie möglich annähern sollten. Zuzugestehen ist, dass sich insbesondere dann, wenn die idealen Prinzipien globale Dimensionen annehmen, diese Prinzipien der Zurechnung individueller Verantwortung so weit »verdünnen«, dass eine individuelle Verantwortung zu verschwinden droht. Mangels eines irgendwie konkreten Bezugspunkts und Maßes droht sich

Verantwortung in »Verantwortungsgesäusel«[61] aufzulösen und folgenlos zu bleiben. Aber hinter der Tatsache, dass eine »ideale Forderung« als »Überforderung« oder »Zumutung« abgelehnt wird, verbergen sich nicht zwangsläufig gute Gründe. Oft verbergen sich dahinter Bequemlichkeit und Anpassung an eingespielte Gewohnheiten.[62] Ähnliches gilt für viele Fälle einer Ablehnung moralisch begründeter Forderungen als »unrealistisch« oder »nicht machbar«.[63]

Die Weigerung, eine Universalisierung in zeitlicher Hinsicht auch nur auf der Ebene der idealen Theorie anzuerkennen, ist überraschenderweise auch unter ansonsten »grün« gesinnten und nachhaltigkeitsorientierten Wirtschaftswissenschaftlern verbreitet. Ein Beispiel sind die englischen Wirtschaftswissenschaftler Robert und Edward Skidelsky, die in einer neueren populärwissenschaftlichen Veröffentlichung das Festhalten an einer Wachstumsorientierung seitens der hochentwickelten Industrieländer hinterfragen. Vater und Sohn Skidelsky reagieren nahezu gereizt auf die Entscheidung der von dem prominenten Wirtschaftswissenschaftler Nicholas Stern geleiteten Kommission, ihren Empfehlungen zur Klimapolitik eine dezidert niedrige Diskontierung zukünftiger positiver und negativer Güter zugrunde zu legen und damit aus ihrer Sicht die Dringlichkeit des Klimaproblems zu überzeichnen:

> Die Ethik des Stern Review ist die eines hehren Egalitaristen, für den alle Zeitalter gegenwärtig sind und alle Menschen, ob sie in der Vergangenheit lebten oder in der Gegenwart oder Zukunft leben werden, gleich viel zählen. Aber unser Standpunkt, der menschliche, ist etwas profaner. Wir betrachten die Welt von einem bestimmten zeitlichen Punkt aus und vertreten unsere Sympathien entsprechend. Wir schätzen das Wohlergehen un-

serer Kinder höher als das unserer Enkelkinder und das unserer Enkelkinder höher als das unserer Urenkelkinder, und es wäre falsch, das nicht zu tun.[64]

Hier liegt das Gegenargument nahe, dass aus der anthropologischen Tatsache, dass »wir« unsere Sympathien zeitlich abgestuft verteilen, nicht folgt, dass diese Abstufung deshalb auch in einem normativen Sinn »richtig« ist. Ein derartiger Schluss liefe auf eine krasse Form des naturalistischen Fehlschlusses hinaus. Möglicherweise gibt es in der Tat gute Gründe für eine zeitabhängige Minderung in der Zukunft anfallender Werte. Aber für eine solche Minderung müsste argumentiert werden. Ihre Berechtigung folgt nicht schlicht aus den Tatsachen.

Auch ethische Positionen, die die Solidarität analog für die räumliche und die emotionale Dimension einschränken, lassen sich unschwer finden. Der vielleicht bekannteste Staatstheoretiker, der versucht hat, die partikuläre Natur staatlicher Verpflichtungen, die Idee der Staatsräson, auf einer grundlegenden normativen Ebene zu rechtfertigen, war Carl Schmitt. In seiner Philosophie übernimmt das Freund-Feind-Verhältnis zwischen den Staaten eine beherrschende Rolle.[65] Solidaritätspflichten bestehen danach ausschließlich gegenüber Freunden. Bekannte Beispiele für Moralphilosophien, die den Verpflichtungen gegenüber den Angehörigen der eigenen Familie und des eigenen sozialen Standes eine fundierende Rolle zuweisen, sind Hegels Theorie der Sittlichkeit und Bradleys Differenzierung der Verpflichtungen nach der sozialen Stellung.[66]

Zukünftige Generationen

Das Klimaproblem ist ein Langfristproblem. Auch dann, wenn die Emissionen von Kohlendioxid sofort gestoppt würden, würden sich die Temperaturen in der Atmosphäre kurzfristig nicht und langfristig nur geringfügig verringern. Der Grund dafür ist die relativ geringe Geschwindigkeit, mit der sich das in der Atmosphäre angereicherte Kohlendioxid abbaut. Nach 100 Jahren sind noch 45 Prozent der einmal emittierten Menge Kohlendioxid in der Luft. Langfristig hängt die Geschwindigkeit, mit der sich der Kohlendioxidgehalt verringert, vor allem von der Speicherkapazität der Ozeane und der kontinentalen Biomasse ab. Zwar geht die Klimawissenschaft davon aus, dass die Meere das Kohlendioxid für einige Jahrhunderte speichern können. Zugleich nehmen aber viele Klimaexperten an, dass sich die Speicherkapazität mit fortschreitender Erwärmung verringert, so dass die Reduktion des Kohlendioxidgehalts der Atmosphäre mit den Reduktionen der Emissionen nicht dauerhaft Schritt hält.

Mit der Langfristigkeit der Klimaeffekte stellt sich für die Klimaethik die Frage der Zukunftsdiskontierung. Dass klimaethische Vorschläge und klimapolitische Strategien wesentlich davon abhängen, wie mit der Diskontierung der Zukunft umgegangen wird, wurde nicht erst mit der Kontroverse zwischen Stern und Nordhaus deutlich, sondern zeigte sich bereits zu Beginn der Arbeit des IPCC in einer eigens dieser Frage gewidmeten interdisziplinären Studie[67]: Je stärker die zukünftigen Kosten diskontiert werden, desto weniger »lohnt« es sich, zur Vermeidung zukünftiger Schäden heute den Aufwand einer Reduktion der Nutzung fossiler Energieträger zu treiben. Je höher die Diskontrate, desto weniger fallen die für die fernere Zukunft zu erwartenden Schäden bzw. die dann notwendigen Aufwendungen zur

Kompensation der Schäden ins Gewicht. Da Aufwendungen und Verzichte aus heutiger Sicht desto »preiswerter« sind, je später sie anfallen, liegt es nahe, die erforderlichen Anpassungsanstrengungen späteren Generationen zu überlassen.

Bevor wir die Gründe für und gegen die Zukunftsdiskontierung prüfen, ist in einem ersten Schritt zu unterscheiden zwischen Zukunftsdiskontierung und der sogenannten »Unsicherheitsdiskontierung«. Einschätzungen der zukünftigen Weltentwicklung sind zwangsläufig mit Unsicherheiten behaftet. Aussagen über die Zukunft können überwiegend nur probabilistisch, als Wahrscheinlichkeitsaussagen, getroffen werden. Auch die Wahrscheinlichkeit, dass ein Ereignis eines bestimmten Typs eintreten wird, ist nicht mit Gewissheit anzugeben. Entsprechend sind auch Abschätzungen der positiven und negativen Werte der Folgen gegenwärtigen Handelns und Unterlassens mit Unsicherheiten belastet. Man könnte von daher versucht sein, in Zukunft anfallende positive und negative Güter, insofern sie nicht mit Sicherheit eintreten, analog zur Minderung ihres Werts zusätzlich um ihrer Unsicherheit willen zu diskontieren und als weniger gravierend zu beurteilen, als wenn sie mit Sicherheit einträten.

Eine Analogisierung von Nutzendiskontierung und Unsicherheitsdiskontierung wäre allerdings aus zwei Gründen bedenklich.

Erstens verschleiert die Analogie zwischen Wert- und Unsicherheitsdiskontierung die grundlegend verschiedenen Gründe für die jeweilige Wertminderung. Unsicherheitsdiskontierung rechtfertigt sich durch die Ungewissheit, die Aussagen über die Zukunft auf der Ebene des Erkenntniszugangs zukommt. »Ungewissheit« ist ein epistemischer Begriff. Sie betrifft das Ausmaß des Spielraums der Möglichkeiten, in denen sich aus heutiger Sicht die Zukunft – und damit auch zukünftiger Nutzen und Schaden – bewegt. Ungewissheit lässt sich deshalb weder so ausdrücken, dass der *Wert* zukünftigen Nutzens, noch so, dass die *Wahrscheinlichkeit* seines Eintretens gemindert wird. Diskontierung in ihrem angestammten Sinn dagegen betrifft den aus Gegenwartssicht anzusetzenden *Wert* eines zukünftigen Guts. Sie betrifft die Sache selbst und nicht den Zugang zur Sache. Die Tatsache, dass Prognosen über Zukünftiges stets nur begrenzt sicher sind, ist für sie irrelevant. Auch wenn vollständig sicher wäre, dass in 200 Jahren ein gravierendes Übel eintreten wird, würde sich nach der Logik der Diskontierung nichts daran ändern, dass dieses Übel aus heutiger Sicht weniger gravierend ist, als wenn es in der Gegenwart einträte.

Eine zweite Schwierigkeit, die einer Analogisierung von Wert- und Unsicherheitsdiskontierung im Wege steht, ist, dass die beiden Arten von Diskontierung sowohl auf der Ebene der Theorie als auch auf der psychologischen Ebene einen sehr unterschiedlichen Verlauf aufweisen. Die in den Wirtschaftswissenschaften übliche Zukunftsdiskontierung geht von einem zeitlich konstanten Diskontsatz aus, mit dem sich der positive oder negative Wert eines Guts pro Einheit der zeitlichen Entfernung vermindert. Formal lässt sich der Diskontsatz damit als ein in der Zeitrichtung umgekehrter Zinssatz behandeln: Die zum zukünftigen Zeitpunkt t anfallende Größe y wird zum Gegenwartszeitpunkt mit demjenigen Wert x bewertet, der, verzinst mit dem Diskontsatz r, zum Zeitpunkt t y ergeben würde. Ein im Jahr 2200 anfallendes positives oder negatives Gut wird aus Gegenwartssicht um ein Vielfaches geringer gewichtet als dasselbe im Jahr 2100 anfallende Gut. Für die Ungewissheit darüber, ob das Gut in diesen Jahren anfallen wird, gilt dies jedoch nicht. Die Ungewissheit darüber, wie es im Jahr 2200 auf der Erde aussieht, ist nicht um ein Vielfaches, sondern nur um ein Geringes größer als die Ungewissheit darüber, wie sich die Dinge im Jahr 2100 verhalten.

In der Philosophie gilt die Minderschätzung der (ferneren) Zukunft überwiegend als verbreitete, aber dennoch unentschuldbare menschliche Schwäche. Am eindeutigsten ist die Verurteilung der Zukunftsdiskontierung bei Spinoza: »Unter der Leitung der Vernunft werden wir ein größeres künftiges Gut einem geringeren gegenwärtigen und ein kleineres gegenwärtiges Übel einem größeren künftigen vorziehen.«[68] Aber auch unter Wirtschaftswissenschaftlern ist die Diskontierung von Zukunftswerten umstritten. Im Zusammenhang mit dem Klimawandel hat etwa der Wirtschaftswissenschaftler Robert Lind bereits kurze Zeit nach Gründung des Weltklimarats auf die paradoxen Konsequenzen der Diskontierung hingewiesen: Die Logik der Diskontierung führe dazu, dass wie immer gering die heutigen Kosten für die Vermeidung einer Umweltkatastrophe, die die gesamte Volkswirtschaft auszulöschen droht, sein mögen, das Aufbringen dieser Kosten nicht als lohnend erscheint, sofern die Katastrophe nur weit genug in der Zukunft liegt.[69] Auf eine andere, nicht weniger paradoxe Konsequenz haben die Wachstumstheoretiker Partha Dasgupta und Geoffrey Heal hingewiesen: Wenn man den Diskontsatz nur hinreichend hoch ansetzt, führt der »optimale«, den Nutzen intergenerationell maximierende Wachstumspfad einer Volkswirtschaft paradoxerweise nicht zu einer Zunahme, sondern – bedingt durch das geringe Gewicht des durch den späteren Konsum gestifteten Nutzens – zu einer stetigen Abnahme des Pro-Kopf-Konsums. Trotz gegebener Wachstumsmöglichkeiten hätte die Minderschätzung zukünftigen Konsums zur Folge, dass, sofern man dem entsprechenden Optimierungspfad folgt, so wenig investiert wird, dass sich die Konsumchancen der Späteren verschlechtern statt verbessern.[70]

Angesichts der geringen Transparenz der Debatte um Recht und Unrecht einer Diskontierung der Zukunft – Ulrich Hampicke hat nicht von ungefähr von »Diskontierungsnebel« gesprochen[71] – empfiehlt es sich, zwischen drei Diskussionssträngen zu unterscheiden: einem ethischen, einem psychologischen und einem ökonomischen. Bei der ethischen Diskussion geht es um die ethische Vertretbarkeit einer Diskontierung des Nutzens zukünftiger positiver und negativer Güter, bei der psychologischen um die Rechtfertigbarkeit einer Diskontierung zukünftiger positiver und negativer Güter aufgrund von Grenznutzenüberlegungen und bei der ökonomischen um die Frage, wie weit nicht geldwerte positive und negative Güter mit geldwerten verrechnet werden können.

Zentraler Streitpunkt der *ethischen* Diskussion ist die Frage, ob sich eine Diskontierung zukünftigen Nutzens und Schadens mit den weithin akzeptierten metaethischen und ethischen Prinzipien von Unparteilichkeit, Gleichheit und intergenerationeller Gerechtigkeit vereinbaren lässt. Ist es zulässig, einen in Zukunft anfallenden Nutzen bzw. Schaden aus Gegenwartssicht geringer zu bewerten, als er zum Zeitpunkt seines Eintretens wahrscheinlich bewertet werden wird?

Bei der *psychologischen* Diskussion geht es um die Frage, wie weit in Zukunft anfallende Güter und Schäden denselben (positiven oder negativen) Nutzen stiften werden wie gleiche in der Gegenwart anfallende Güter und Schäden. Unter der Annahme, dass der Trend zu stets höherem wirtschaftlichen Wohlstand in Zukunft anhalten wird, werden die Güter, die heute einen bestimmten Nutzen bewirken, in Zukunft, jedenfalls solange das Gesetz des abnehmenden Grenznutzens gilt, einen geringeren Nutzen bewirken und negative Güter, die heute einen bestimmten Schadensgehalt besitzen, in Zukunft einen geringeren Schadensgehalt besitzen, da sie eher kompensierbar sind. Diese Art der Diskontierung bedeutet keine »Minderschätzung« eines zukünftigen Guts oder Nutzens, sondern eine adäquate Voraussage des tatsächlich verminderten Werts eines zukünftigen Guts im Verhältnis zum Gegenwartswert eines ähnlichen Guts. Anders als bei der Nutzendiskontierung hängt die Bewertung des zukünftigen Guts nicht von einer spezifisch zeitlichen Perspektive ab. Der zukünftige Nutzen wird nicht deshalb geringer bewertet, weil er in der Zukunft liegt, sondern weil damit gerechnet wird, dass er tatsächlich geringer ausfallen wird, das heißt, ein ähnliches Gut in Zukunft weniger Nutzen stiften wird, als es in der Gegenwart stiften würde.

Die *ökonomische* Diskussion betrifft schließlich eine dritte und von den beiden ersten weitgehend unabhängige Frage: die nach der Verrechenbarkeit von geldwerten und nicht geldwerten Gütern – dem für Konsumzwecke zur Verfügung stehenden Einkommen einerseits, immateriellen Übeln wie Verlust der Lebensgrundlagen und Entwurzelung infolge von Migration andererseits. Falls es gute Gründe gibt, geldwerte positive und negative Güter (Gewinne und Verluste) mit einer gewissen Rate zu diskontieren, stellt sich die Frage, wie weit diese auch für nicht geldwerte Güter gelten kann und sich eine entsprechende Diskontierung auch für diese Güter rechtfertigen lässt. Gegenstand der Diskontierung ist in diesem Fall der zukünftige *Preis* eines zukünftigen Guts. Das Ergebnis ist der *Gegenwartswert* des zukünftigen Guts. Bei dieser Form von Diskontierung ist also sowohl der Gegenstand als auch das Ergebnis der Diskontierung nicht ein *Nutzen*, sondern ein *Marktwert*. Der diskontierte Preis ist der Preis, der *jetzt* für ein zukünftiges Gut bezahlt wird.

Betrachten wir die erste der drei Fragen etwas genauer: Gibt es ethische Gründe dagegen, zukünftigen Nutzen nur aufgrund seiner Zukünftigkeit abzuwerten? Richard Hare hat die These vertreten, dass eine Privilegierung der Gegenwart oder der nahen Zukunft gegenüber der ferneren Zukunft das grundlegende metaethische Prinzip der Universalisierbarkeit verletzt. Dieses Prinzip besagt, dass jeder, der einen gewissen Zustand moralisch beurteilt, bereit sein muss, einen in allen relevanten Hinsichten gleichen moralischen Zustand in derselben Weise zu beurteilen. Wer eine Handlung A billigt oder missbilligt, muss, solange er die Sprache der Moral spricht, eine Handlung B, die in allen relevanten Hinsichten mit Handlung A übereinstimmt, ebenfalls billigen oder missbilligen. Die Konsequenz, die Hare für die Praxis der Nutzendiskontierung aus diesem Prinzip zieht, ist, dass die zeitliche Position keine relevante Hinsicht ist, die ein abweichendes Urteil für ansonsten gleichartige Sachverhalte rechtfertigt.[72]

Gegen diesen Schluss lässt sich einwenden, dass er zwar zunächst plausibel erscheint, sich aber keineswegs mit der apodiktischen Sicherheit ziehen lässt, die ihm Hare zuschreibt. Die Frage ist, ob nicht die zeitliche Position durchaus als moralisch relevanter Faktor gelten kann. Diese Frage stellt sich insbesondere dann, wenn man die zeitliche Position eines Sachverhalts statt durch ein Datum durch eine zeitliche Beziehung zwischen dem Sachverhalt und dem jeweiligen Akteur oder Sprecher festlegt. Statt über 2050, 2100 usw. zu sprechen, könnte man auch über unsere »Kinder«, »Enkel« usw. sprechen, also absolute durch relative Kennzeichnungen ersetzen. Das Ergebnis einer solchen Ersetzung ist, dass es keineswegs unsinnig erscheint, Verantwortungsbeziehungen nach der jeweiligen zeitlichen Relation abzustufen, etwa so, dass die Verantwortung für die Kinder höher bemessen wird als die Verantwortung für die Enkel. In einer universalisierten Form könnte ein solches Prinzip etwa lauten: Jeder sollte den Nutzen der Generation seiner Enkel und aller nachfolgenden Generationen, aber nicht den Nutzen der Generation seiner Kinder diskontieren dürfen. Es scheint ohne weiteres möglich, ein solches Prinzip zu vertreten, ohne damit das Prinzip der Universalisierbarkeit zu verletzen.

Die Verbindlichkeit des Universalisierungsprinzips (sofern man sie anerkennt) reicht demnach zur Begründung einer intergenerationell unparteilichen Perspektive nicht aus. Alles, was sie begründen kann, ist ein Prinzip der Generationenneutralität: Falls man sich selbst ein Recht auf Zukunftsdiskontierung zugesteht, muss man es auch allen anderen und insbesondere den Angehörigen zukünftiger Generationen zugestehen.

Mit dem Prinzip der Universalisierung ist das Arsenal metaethischer Argumente gegen die Zukunftsdiskontierung aber nicht erschöpft. Mag auch eine Minderbewertung des Schicksals der nach uns kommenden Generationen mit dem Prinzip der Universalisierung vereinbar sein, scheint es doch kaum vereinbar mit einem anderen Prinzip, das gemeinhin mit dem *moral point of view* verknüpft wird, nämlich dem Prinzip der *Unparteilichkeit*. Danach ist es charakteristisch für die Moral, Sachverhalte von einem Standpunkt maximaler Unparteilichkeit aus zu beurteilen, gewissermaßen aus einer Perspektive jenseits aller besonderen Perspektiven. Im Gegensatz zu außermoralischen Beurteilungen, bei denen wir die Freiheit haben, eine persönliche Perspektive einzunehmen, gilt eine Beurteilung normalerweise nur dann als eine moralische Beurteilung, wenn sie von einem unpersönlichen Standpunkt jenseits der eigenen besonderen Interessen und Präferenzen getroffen wird. Die Begründung dafür liegt darin, dass nur hinreichend unparteiliche Beurteilungen eine Chance haben, den für das »Sprachspiel« der Moral charakteristischen Anspruch auf Allgemeingültigkeit einzulösen. Es muss jedoch als fraglich gelten, ob eine Privilegierung der Gegenwart und der nahen Zukunft gegenüber der ferneren Zukunft von diesem Standpunkt aus zulässig ist. Die Gegenwart gegenüber der Zukunft zu privilegieren scheint geradezu ein Musterbeispiel für Parteilichkeit und Ungleichbehandlung, insbesondere dann, wenn die zeitliche Verteilung von Nutzen und Kosten ausgeprägt ungleich ist und die zukünftigen Generationen einseitig benachteiligt.

Es ist im Wesentlichen dieser Mangel an zeitlicher Unparteilichkeit, der nicht nur der von Pigou eingeführten Redeweise von »Kurzsichtigkeit« oder »Myopie« zugrunde liegt[73], sondern eine Zukunftsdiskontierung auch ethisch problematisch erscheinen lässt. Die perspektivische Verzerrung, nach der die nahe Zukunft das innere Bild der Zukunft stärker beherrscht als die fernere, darf dabei nicht, wie es das Bild der »Kurzsichtigkeit« nahelegt, als eine *Fehlrepräsentation* des zukünftigen Nutzens und Schadens aufgefasst werden. Es ist nicht so, als *unterschätze* derjenige, der zukünftigen Gewinn und Verlust diskontiert, deren wahre Größe, vergleichbar einem Bergsteiger, der die Höhe unterschätzt, die er noch überwinden muss, um eine bestimmte Stelle am Berg zu erreichen. Diskontierung ist nicht primär ein Mangel an adäquater *Wahrnehmung*, sondern ein Mangel an adäquater *Bewertung*.

Eine Minderschätzung zukünftiger Güter erscheint insbesondere dann ethisch problematisch, wenn sie sich nicht auf geldwerte Konsumgüter, sondern auf Güter richtet, die sich einer monetären Bewertung ganz oder teilweise entziehen, etwa Umweltgüter, kulturelle Güter und die politischen und gesellschaftlichen Lebensbedingungen. Auch diese Güter müssten, falls sie in Zukunft anfallen, der Diskontierungslogik unterworfen werden, so dass sie aus heutiger Sicht weniger wert sind als zu dem Zeitpunkt, zu dem sie eintreten. Solange die Wertminderung des zukünftigen Nutzens allein auf seiner Zukünftigkeit beruht, kann es nicht darauf ankommen, ob es sich bei dem Gegenstand der Minderschätzung um wirtschaftliche oder monetär bewertbare Güter handelt. In letzter Konsequenz müssten auch die *Rechte* der Zukünftigen dieser Logik entsprechend abgewertet werden, was geradezu absurd wäre. Denn gerade »Rechte« werden in der Regel als Bollwerke errichtet, die dem Ansturm der Diskontierungswelle standhalten.[74] Würden sie diskontiert, verfehlten sie die ihnen zugedachte Aufgabe, als »Trümpfe« (Ronald Dworkin) gegenüber andersartigen Erwägungen zu fungieren und das moralische Urteil unmittelbarer zu binden als Kosten-Nutzen-Erwägungen.[75]

Paradoxe Konsequenzen ergeben sich aus einer Diskontierung zukünftiger Rechte vor allem, wenn man bedenkt, dass zu den Rechten Zukünftiger auch die Menschenrechte zählen. Die Menschenrechte unserer Kinder würden für die Beurteilung gegenwärtigen Handelns weniger zählen als die Menschenrechte der Erwachsenen, die Menschenrechte der Enkel weniger als die der Kinder. Eine derartige zeitliche Relativierung erscheint jedoch mit der Idee der Menschenrechte nicht nur wenig vereinbar, sie stellt sie geradewegs auf den Kopf. Menschenrechte haben eine anthropologische Basis. Sie fungieren als Sicherung bestimmter allen Menschen gemeinsamer Grundbedürfnisse. Da nicht anzunehmen ist, dass sich diese Grundbedürfnisse nach Maßgabe der zeitlichen Entfernung von der Gegenwart ändern, sollten den künftig Lebenden auch dieselben Rechte zukommen wie gegenwärtig Lebenden.

Die psychologischen und ökonomischen Formen von Diskontierung stehen demgegenüber auf sehr viel sichereren Füßen. Sie haben im Gegensatz zur ersten Form zumindest ansatzweise eine empirische Basis.

Eine Diskontierung des zukünftigen Nutzengewinns aus dem Konsum aufgrund abnehmenden Grenznutzens wird von den meisten Wirtschaftswissenschaftlern aus guten

Gründen akzeptiert und ist auch aus ethischer Sicht grundsätzlich akzeptabel. Begründet ist diese Art von Diskontierung in der Erwartung eines Gratifikationszerfalls von Gütern im Zuge ihrer zunehmenden Verfügbarkeit. Diese Art von Diskontierung hat ihre Grundlage nicht in einer subjektiven Wertung, sondern in einer im Prinzip überprüfbaren psychologischen Hypothese.

Diese Form von Diskontierung hängt von einer angenommenen zukünftigen Sättigungsentwicklung ab. Allerdings darf bezweifelt werden, dass es sich hierbei um ein so universales Phänomen handelt, wie in wirtschaftswissenschaftlichen Modellen postuliert wird. Für viele Weltregionen und Güterarten ist die Annahme eines zukünftig abnehmenden Güternutzens alles andere als selbstverständlich, zum Beispiel für diejenigen wenig entwickelten Länder, in denen infolge weiterer Verknappung an natürlichen Ressourcen (Wasser, Agrarflächen) und weiterer Bevölkerungswachstums die Güterproduktion und der Konsum pro Kopf in Zukunft stagnieren oder abnehmen könnten.

In diesen Ländern könnte der subjektive Wert sowohl der Naturgüter wie der produzierten Güter eher zunehmen als abnehmen. Dasselbe gilt für diejenigen sozialen Schichten, die am Wirtschaftswachstum ihrer Länder und Regionen nicht oder nur geringfügig teilhaben. Solange sich das Wachstum auf die Produktion von Luxusgütern für eine kleine Elite konzentriert, nimmt der Grenznutzen des Konsums für die große Mehrheit nicht ab. Eher ist zu erwarten, dass sich der Nutzen dieser sozialen Schichten aufgrund von Gefühlen relativer Deprivation verringert. Ähnliches gilt für diejenigen Güter, die sich im Zuge weiteren Wirtschaftswachstums verknappen, weil ihr Bestand abnimmt, weil das Bedürfnis nach ihnen zunimmt oder aus beiden Gründen zusammen. Zu diesen Arten von Gütern gehören Naturgüter wie zivilisationsferne Naturareale, intakte Landschaften und natürliche Arten. Für diese ist es eher wahrscheinlich, dass sie im Zeitverlauf wertvoller werden und mehr Nutzen stiften, als sie heute stiften, insbesondere aufgrund ihres abnehmenden Bestands. Die entscheidende Variable ist dabei das Ausmaß, in dem sich knapper werdende Naturgüter durch marktgängige und andere zivilisatorische Güter hinsichtlich ihres Befriedigungsniveaus ersetzen lassen, wie weit also beispielsweise das Erlebnis »echter« Natur durch die wachsende Verfügbarkeit »virtueller« Natur kompensiert werden kann. Zu bedenken ist schließlich, dass viele »lebenswichtige« Güter mit dem Wirtschaftswachstum nicht quasi automatisch mitwachsen, etwa allenfalls indirekt mit Geld zu bezahlende Faktoren der Lebensqualität wie soziales Vertrauen, Humanität und Ästhetik. Auf der anderen Seite besteht eine Tendenz, das im Wachstumsprozess zunehmende Anspruchsniveau in Bezug auf marktgängige Güter auf nicht marktgängige Güter zu übertragen, wo es dann angesichts des stagnierenden bzw. schrumpfenden Angebots zusätzliche Frustrationen bedingt. Man wird damit rechnen müssen, dass zusammen mit den Ansprüchen an Zahl und Qualität marktgängiger Güter auch die Ansprüche in anderen Bereichen wie Gesundheit, Umweltqualität, Bildung, politische Kultur, Zufriedenheit im Beruf usw. zunehmen werden, wo sie nicht mit derselben Verlässlichkeit wie im wirtschaftlichen Bereich befriedigt werden können. So hat sich etwa im Zuge der Wohlstandsentwicklung auch das Anspruchsniveau in Bezug auf Arbeitsplatz, Partnerschaft und Nachwuchs deutlich erhöht.

Die Konsequenzen für die Diskontierung aufgrund abnehmenden Grenznutzens liegen auf der Hand: Wo immer in Zukunft mit Verknappungen zu rechnen ist, ist eine Diskontierung aufgrund abnehmenden Grenznutzens nicht nur unberechtigt, sie schlägt sogar ins Gegenteil um. Statt eines Wert*abschlags* ist ein Wert*zuschlag* für die entsprechenden zukünftigen Güter anzusetzen und ein entsprechender Anreiz für geeignete Erhaltungs-, Spar- und Vorsorgeleistungen zu schaffen.

Aber auch dann, wenn eine Diskontierung aufgrund abnehmenden Grenznutzens wegen anhaltenden Wirtschaftswachstums zumindest für marktgängige Güter angebracht scheint, ist fraglich, ob diese Entwicklung in eine prinzipiell unendliche Zukunft hinein extrapoliert werden kann und ob der Nutzengewinn aus dem Konsum marktgängiger Güter die Nutzenverluste bei anderen, nicht marktgängigen Gütern auf Dauer überwiegt. Es ist schwer vorstellbar, dass das Wohlfahrtsniveau mit den Raten der letzten 50 Jahre fortgeschrieben werden kann, ohne die Nutzengewinne zumindest zum Teil durch Externalitäten (also durch unkompensierte Schäden) im Bereich des Naturverbrauchs zunichtezumachen. Insofern sollte man bei der langfristigen Hochrechnung gegenwärtiger Trends – und entsprechend mit der Diskontierung aufgrund abnehmenden Grenznutzens – zurückhaltend sein und sich auf die unmittelbar nächsten Generationen beschränken.

Auch eine Diskontierung zukünftiger Marktwerte oder Preise scheint nur in Grenzen berechtigt. Unter der Voraussetzung eines positiven Zinssatzes sind zukünftige Güter aus der Perspektive der Gegenwart »preiswerter« als vergleichbare Gegenwartsgüter. Die Erklärung dafür sind die Opportunitätskosten des Kapitals. Das Geld, das für Gegenwartsgüter bezahlt werden muss, könnte investiert werden und auf diese Weise einen Ertrag erwirtschaften, der in Zukunft mehr von demselben Gut zu kaufen erlaubt. Um einen zukünftigen Preis von 1000 Euro zu bezahlen, benötige ich heute weniger als 1000 Euro. Wie viel ich heute benötige, hängt von dem Zinssatz und der zeitlichen Entfernung des zukünftigen Zeitpunkts ab. Falls der Zinssatz unabhängig gegeben ist, das heißt, nicht signifikant durch meine Investition beeinflusst wird und mit hinreichender Sicherheit prognostiziert werden kann, ist nicht zu sehen, was gegen eine Diskontierung des zukünftigen Preises sprechen sollte. Denn die Gründe, die gegen eine Diskontierung zukünftigen *Nutzens* sprechen, sprechen nicht in gleicher Weise gegen eine Diskontierung zukünftiger *Preise*.

Das heißt allerdings nicht, dass die Argumente, die vielfach gegen eine monetäre Diskontierung vorgebracht werden, unerheblich wären. Eins dieser Argumente lautet, dass es in gewisser Weise oberflächlich sei, den Realzinssatz als schlicht gegeben vorauszusetzen. Eine umfassendere Sichtweise würde die *Quellen* des Realzinssatzes mitberücksichtigen und sie in die ethische Beurteilung einbeziehen. Dass so etwas wie ein Realzins überhaupt existiert, hat ja zahlreiche verschiedene Ursachen: die Steigerung der Produktivität durch Umwegproduktion, den technischen Fortschritt, die Existenz eines Kreditmarkts usw. Zumindest zu einem Teil speist sich dieser Zins möglicherweise aus Quellen wie Konsumentenkrediten, die keiner Zunahme der Wirtschaftskraft, sondern lediglich einer zeitlichen Umverteilung des Konsums von der Zukunft in die Gegenwart entsprechen. Die Praxis der Konsumentenkredite hängt jedoch wesentlich von individueller oder kollektiver Zeitpräferenz und Nutzendiskontierung ab. Falls aber Nutzendiskontierung, wie wir gesehen haben, inakzeptabel ist – sollte nicht auch eine Praxis der Diskontierung zukünftiger Marktwerte, die auf dieser inakzeptablen Praxis beruht, ihrerseits inakzeptabel sein?

Dieses Argument verträgt sich nur schlecht mit der Annahme, dass die Realität des Realzinssatzes jenseits aller Beeinflussungsmöglichkeiten des individuellen Akteurs liegt. Selbst wenn die Quellen des gegebenen Zinssatzes in bestimmter Hinsicht inakzeptabel sind, ist dieser Zinssatz als solcher doch eine soziale Tatsache, die der Akteur in seinen

Entscheidungen voraussetzen muss und nicht selbst zum Gegenstand einer Entscheidung machen kann. Ob er die Faktoren, die in den bestehenden Zinssatz eingehen, billigen kann, ist für seine Beurteilung des Gegenwartswertes zukünftiger Güter irrelevant. Diese Beurteilung ist rein deskriptiver Natur und hängt nicht davon ab, wie er über Recht oder Unrecht dieser in den Zinssatz eingehenden Faktoren denkt. Zum Vergleich: Auch wenn ich die Staatsverschuldung ablehne, werde ich dennoch den monetären Wert meines Kapitals im Lichte des faktisch geltenden Zinssatzes beurteilen, ganz gleich, in welchem Maße dieser von der von mir missbilligten Staatsverschuldung mitverursacht ist.

Alles in allem genommen sind die Kriterien für die Diskontierung zukünftiger Preise dieselben wie die Kriterien für die Diskontierung aufgrund abnehmenden Grenznutzens. Auch hier ist die Minderschätzung der Zukunft gegenüber der Gegenwart kein Ausdruck von Kurzsichtigkeit oder anderer subjektiver Einstellungen, sondern von Erwartungen hinsichtlich objektiver Entwicklungen, über die offen und öffentlich diskutiert werden kann. Diskontierung bedeutet in diesen Fällen nicht, dass jemand die Zukunft weniger wertschätzt als die Gegenwart, sondern dass er von bestimmten ökonomischen und psychologischen Annahmen über die zukünftige Entwicklung der Volkswirtschaft ausgeht.

Darüber darf nicht übersehen werden, dass damit ähnliche Begrenzungen für die Anwendung der Diskontierung zukünftiger Marktwerte gesetzt sind wie für die Anwendung der Diskontierung aufgrund abnehmenden Grenznutzens. Eine Diskontierung zukünftiger Preise kann nur in dem Maße legitim sein, wie die Annahme eines positiven Realzinssatzes über die Periode bis zu dem Zeitpunkt, zu dem der diskontierte Preis gezahlt werden muss, berechtigt ist. Ob diese Bedingung für sehr lange Zeiträume als gegeben angenommen werden kann, ist kaum zu sagen. Auch wenn sicher ist, dass der technische Fortschritt weitergeht, bleibt Raum für Skepsis. Neu auftretende Verknappungen können die Produktivität des Kapitals sinken lassen, zum Beispiel im Bereich der Energieressourcen. Für den ärmsten Teil der Dritten Welt ist die Perspektive weiterhin unsicher. Auch wenn der Bevölkerungsdruck über kurz oder lang abnehmen wird, könnten Verknappungen im Bereich des landwirtschaftlich nutzbaren Lands, des Trinkwassers und der Energieressourcen das Wachstum behindern. Eine Routine der Diskontierung in langfristigen Kosten-Nutzen-Kalkülen wäre unter diesen Vorzeichen eher ein Ausdruck von Hoffnung als von nüchternem Realismus.

Die Zukunft und das Klimaproblem

Angewendet auf das Klimaproblem, lautet die ökonomische Frage nach der Berechtigung einer Diskontierung: Zahlen sich die heute zur Emissionsvermeidung verwendeten Mittel insofern aus, als sie nicht nur mindestens gleich hohe Kosten in der Zukunft vermeiden, sondern auch in keiner alternativen Verwendung höhere Erträge erzielen könnten? Ein ökonomischer Kosten-Nutzen-Vergleich setzt allerdings voraus, dass die betrachteten »Erträge« miteinander kommensurabel sind. Unproblematisch ist diese Vergleichbarkeit bei monetär bewertbaren Kosten: Die Kosten, die man heute dadurch spart, dass man Gebäude nicht perfekt isoliert, lassen sich aufrechnen gegen die zukünftigen Kosten der möglicherweise dadurch notwendigen Erhöhung von Deichen. Spätere in Geld messbare Übel lassen sich darüber hinaus durch eine zu diesem Zweck abgeschlossene Versicherung kompensieren: Über eine längere Zeit wird eine Summe angespart, die ausreicht, einen in Zukunft eintretenden Schaden auszugleichen. Wenn diese Summe ein geeigneter Gegenstand von Diskontierung ist, sollten auch die Kosten des zukünftigen Schadens diskontiert werden können. Wenn ein Kapital von 800 Euro heute ausreicht, um in zehn Jahren einen Schaden von 1000 Euro auszugleichen, kann auch der auf diese Weise kompensierbare Schaden heute mit nicht mehr als 800 Euro zu Buche schlagen.

Bei anderen Kostenarten steht die Verrechenbarkeit von Kosten und Erträgen auf weniger sichererem Boden. Dies gilt insbesondere für Einbußen an Natur-, Kultur- und Humangütern, die mit dem Klimawandel einhergehen. Es ist eher unwahrscheinlich, dass man die Opfer, die die sogenannten »Klimaflüchtlinge« morgen und übermorgen erbringen müssen, gegen die Kosten des Energiesparens aufrechnen kann.[76] Entscheidend ist dabei die Einsicht, dass es Gründe geben kann, den *Preis* eines zukünftigen Guts zu diskontieren, ohne zugleich den *Nutzen*, den der Konsum dieses Guts stiftet (bzw. den negativen Nutzen, den ein Ungut stiftet) zu diskontieren. Um ein Beispiel von John Broome zu übernehmen[77]: Vielleicht sprechen gute Gründe für die Annahme, dass ein bestimmter Apparat zur Lebensrettung in Zukunft »preiswerter« sein wird als in der Gegenwart. Diese Gründe sprechen nicht gleichzeitig dafür, dass er in Zukunft weniger nützlich sein wird. Die Annahme, dass der technische Fortschritt und das Produktivitätswachstum das Hilfsmittel in Zukunft verbilligen werden, ist durchaus vereinbar mit der Annahme, dass dasselbe Hilfsmittel in Zukunft nicht nur ebenso nützlich, sondern sogar nützlicher sein wird als gegenwärtig, zum Beispiel infolge einer alternden Gesellschaft. Entsprechendes muss für immaterielle positive und negative Güter gelten. Die »Kosten« der Migration aus klimatischen Gründen werden bei einem positiven Zinssatz nur so weit geringer sein als heute, als sie monetär bewertbar sind. Eine wohlhabendere zukünftige Gesellschaft wird die Ressourcen für die Aufnahme großer Gruppen von Klimaflüchtlingen leichter aufbringen können als die gegenwärtige. Aber die nicht monetär bewertbaren Kosten werden dadurch nicht wesentlich gemindert. Heimatverlust und Entwurzelung auf der einen, Schwierigkeiten bei der Integration fremdkultureller Minderheiten auf der anderen Seite lassen sich durch dazugewonnenen materiellen Wohlstand nur begrenzt kompensieren.

Kontrovers ist insbesondere die Verrechnung von monetären mit *moralischen* Kosten. Die moralischen Kosten einer Handlung decken sich in der Regel nicht mit den aus dieser Handlung resultierenden geldwerten Kosten. Nehmen wir das Beispiel des Diebstahls.

Ein Diebstahl ist dadurch nicht weniger Unrecht, dass der Dieb den Bestohlenen für das entwendete Gut entschädigt. Die moralischen Kosten des Diebstahls werden auch dann nicht zwangsläufig aufgewogen, wenn sich der Bestohlene durch den Diebstahl in monetärer Hinsicht bessersteht als ohne Diebstahl, etwa weil er von seiner Versicherung mehr an Entschädigungsleistungen bekommt, als er eingebüßt hat. Selbst in diesem Fall kann der Schaden, den er durch den Diebstahl *insgesamt* erlitten hat, größer sein als ohne Diebstahl. Erstens hängt das Ausmaß der Schädigung entscheidend von der Unfreiwilligkeit des Verlusts ab. Für das Ausmaß der Schlechterstellung macht es einen wesentlichen Unterschied, ob sie aufgezwungen oder in einem Vertrag vereinbart worden ist, in den beide Parteien ohne Zwang oder Druck eingewilligt haben. Ein freiwillig übernommener Schaden oder ein freiwillig übernommenes Risiko werden in der Regel als um ein Vielfaches akzeptabler empfunden als entsprechende unfreiwillige Schäden und Risiken. Zweitens ist offen, wie weit der Verlust aus der Sicht des Betroffenen überhaupt durch geldwerte Leistungen ersetzbar ist. Wäre es für die Betroffenen akzeptabel, aus Klimagründen ihre Heimat zu verlieren und dafür von den Hauptverursachern des Klimawandels monetär entschädigt zu werden? Vielleicht wäre es so, vielleicht auch nicht. Diese Frage lässt sich nicht pauschal beantworten. An einem Flüchtlingsschicksal ist vielfach auch dann schwer zu tragen, wenn sich die materielle Lage infolge der Migration deutlich verbessert. Verbannung wurde überwiegend auch dann als echte Strafe empfunden, wenn sie ansonsten mit keiner Einschränkung der materiellen Versorgung einherging. Die Ersetzbarkeit von Schädigungen an Leib und Leben, aber auch an anderen Gütern wie Heimat und sozialer Bindung bleibt zweifelhaft.

Grundlegende Bedenken dagegen, moralische Nachteile wie die Verletzung von Rechten gegen geldwerte Vorteile aufzurechnen, sind im Zusammenhang der Klimaethik von Henry Shue geäußert worden: Moralische Verpflichtungen seien nicht marktfähig und ließen sich nicht abkaufen. Es sei deshalb verfehlt, etwa den Wert von Ausgleichsfonds für die vom Klimawandel hauptsächlich betroffenen Länder gegen Emissionsminderungen aufzurechnen und zu argumentieren, dass man durch den Verzicht auf Emissionsminderungen ein Wachstum erreichen könne, aus dessen Erträgen die für die Zukunft zu erwartenden Belastungen des Klimawandels kompensiert werden können. Nach dieser Vorstellung, die oben bereits im Zusammenhang mit den Thesen Bjørn Lomborgs diskutiert worden ist, müsste die Förderung und Nutzung fossiler Brennstoffe eher noch gesteigert statt vermindert werden – mit dem Ziel, den materiellen Wohlstand weltweit so weit anzuheben (bzw. entsprechende Hilfsgelder anzusparen), dass die betroffenen Nationen in der Lage sind, die durch den Klimawandel ausgelösten Schäden aus eigener Kraft zu beseitigen.[78]

Shues These scheint auf den ersten Blick plausibel, ist aber angreifbar. Auch der Verzicht auf Sparen oder auf Abschluss einer Versicherung kann eine Verletzung der Rechte Zukünftiger darstellen. Das Unterlassen von Sparen kann für die späteren Generationen nicht weniger schädlich sein als das Unterlassen einer Absenkung der Treibhausgasemissionen. Beide Male handelt es sich um zukunftsethische Unterlassungssünden. Fragwürdig ist die monetäre Vorsorgestrategie aus anderen Gründen: weil zu bezweifeln ist, dass die Ziele einer Bewahrung der zukünftigen Generationen vor Klimaschäden mit einer Wachstumspolitik, die auf fossile Energieträger setzt, erreichbar sind.

Gravierendes Übel bei räumlich und emotional Fernstehenden

Lassen sich die zur Zukunftsdiskontierung angestellten Überlegungen auf die Diskontierung bei räumlicher und emotionaler Distanz übertragen?

Zwischen der Bewertung von Gütern, die bei den in Zukunft Lebenden anfallen, und der Bewertung von Gütern, die bei zeitgenössischen Fremden anfallen, gibt es Gemeinsamkeiten und Unterschiede. Eine Gemeinsamkeit ist die weitgehende Anonymität der jeweiligen anderen infolge des Fehlens von Face-to-face-Kontakten. Wie die Zukünftigen bleibt die Mehrzahl der Zeitgenossen abstrakt, sie existieren als bloß gedachte, aber unanschauliche Träger von Zahlenwerten in Tabellen und Statistiken. Zwar ist die Tatsache, dass wir von den gleichzeitig Lebenden nur wenige kennen, anders als unsere Unkenntnis der Zukünftigen nicht zeitlogisch begründet. Aber das ändert nichts daran, dass die Lebenden zu zahlreich sind, als dass ein normales Leben ausreicht, sie sämtlich kennenzulernen.

Ein Unterschied ist der, dass wir uns heute jederzeit über die maßgeblichen Variablen, die über die Lebensqualität dieser Menschen entscheiden, informieren können. Der für Bewertungen auf der Zeitachse relevante Faktor der Ungewissheit entfällt. Auch wenn wir nur wenige Zeitgenossen *kennen*, *wissen* wir doch über sehr viele viel – oder könnten es zumindest wissen. Da der Faktor Ungewissheit für die Bewertung von positiven und negativen Gütern allerdings ohnehin keinen Unterschied macht, kann er bei der Frage nach der Rechtmäßigkeit einer Diskontierung außer Betracht bleiben.

Dieser Unterschied ist insofern auch wenig geeignet, zwischen der zeit- und der raumbezogenen Diskontierung einen normativen Unterschied zu begründen. Eine »Diskontierung« des Glücks und Unglücks räumlich und emotional »Fremder« scheint auf der idealen Moralebene ebenso wenig zu rechtfertigen wie eine Diskontierung des Glücks und Unglücks Zukünftiger. Auf der idealen Ebene kann nichts anderes gelten, als dass jeder Mensch gleich viel zählt, ob er in der Nähe lebt oder in der Ferne, ob er »zu uns« (wie immer das »wir« definiert wird) gehört oder nicht. Moralisch entscheidend kann nur sein, wie er von unserem Handeln und Unterlassen betroffen ist. Eine andere Frage ist, wie weit unsere moralischen Pflichten auf der Praxisebene reichen sollten. Denn offenkundig wird eine Gleichberücksichtigung aller gegenwärtig Lebenden für die individuellen Akteure ganz ebenso auf eine Überforderung hinauslaufen wie eine Gleichberücksichtigung aller in Zukunft Lebenden und damit – gemessen an den idealen Normen – dysfunktional werden. Um eine Überforderung zu vermeiden, müssen die in der Praxis der Moral eingeforderten Pflichten entweder weniger anspruchsvoll formuliert oder Solidaritätspflichten von großer Reichweite an kollektive und institutionelle Akteure delegiert werden. Aber die Notwendigkeit, für die moralische Praxis bei der Reichweite der Verpflichtungen Einschränkungen zu machen, begründet weder eine unterschiedliche Bewertung des Wohl und Wehes der gegenwärtig Lebenden nach ihrer räumlichen und emotionalen Distanz noch eine Differenzierung bei den diese betreffenden idealen Normen.

Die Begründung liegt auch hier keineswegs in der Nicht-Universalisierbarkeit lokaler und partikulärer Bewertungen und Verpflichtungen. Die relationalen Begriffe »Inländer«, »Ausländer« usw. müssen die Universalisierung ebenso wenig scheuen wie kategorische. Eine Norm von der Art »Diskontiere das Wohl und Wehe von Ausländern« oder »Gib Verpflichtungen gegenüber Inländern Vorrang vor Verpflichtungen gegenüber Ausländern« wäre durchaus universalisierbar. Aber offensichtlich wäre eine solche Norm hochgradig parteiisch. Sie erfüllte nicht die seit der Aufklärung für die Moral (zumindest für die ideale Ebene) geltende Bedingung maximaler Unparteilichkeit. Mit Recht würde man mit Robert E. Goodin fragen können: »What is so special about our fellow countrymen?«[79]

Die Antwort liegt nahe: Es ist doch evident, worin das Besondere liegt. Das Besondere liegt darin, dass uns affektiv mehr mit unseren Landsleuten verbindet als mit Ausländern, mehr mit Freunden als mit Feinden, mehr mit »unseresgleichen« als mit Fremden. Außerdem wollen wir von den einen mehr als von den anderen. Wir wollen uns, wenn wir auf Hilfe angewiesen sind, auf die einen verlassen können, während wir von anderen in dieser Hinsicht nicht viel erwarten. Das ist einer der Gründe, warum die Idee eines vereinten Europas über so wenig emotionalen Rückhalt verfügt. Nur von unseren Landsleuten, nicht von anderen erwarten wir, dass sie für unsere Renten und Arztkosten aufkommen.

Die Alltagsmoral ist weithin bestimmt durch das Denken und Fühlen in Gegensätzen von In-group- und Out-group-Angehörigen. Angesichts des naturgeschichtlichen

Ursprungs der Moral in Solidaritätsbeziehungen zwischen den Mitgliedern von Stammesverbänden ist anderes auch kaum zu erwarten. Aber Ethik ist nicht dasselbe wie Moral. Die Ethik hat ein Recht auf Utopie. Sie hat das Recht, ideale Forderungen an die Moral zu stellen und ihr eine Richtung zu weisen, die an die ihr eingeschriebenen anthropologischen Tendenzen anknüpft, aber zugleich über ihre faktischen Erscheinungsformen hinausweist.

Falls aber eine Abstufung der Bewertung der absehbaren Folgen von Handlungen und Unterlassungen nach Nähe oder Ferne, Gegenwärtigkeit oder Zukünftigkeit mit dem Postulat der Unparteilichkeit der Moral unvereinbar ist, ist auch eine entsprechende Abstufung in der moralischen Bewertung der entsprechenden Handlungen und Unterlassungen unzulässig. Nicht nur bei den Handlungsfolgen, auch bei den Handlungen impliziert das Prinzip der Unparteilichkeit, dass zwischen Nähe und Ferne strenge Gleichwertigkeit besteht und Handlungen nicht danach wertmäßig unterschieden werden dürfen, wann und wo ihre absehbaren Folgen eintreten. Das heißt, dass sich die werttheoretische Indifferenz der räumlichen und zeitlichen Inzidenz der Folgen auf die sie verursachenden Handlungen und Unterlassungen so auswirkt, dass diese auch für deren deontischen Status gilt: Eine Schädigung – etwa eine Körperverletzung, eine Tötung oder ein vermeidbares Leiden- oder Sterbenlassen – ist nicht dadurch eher zu rechtfertigen, dass sich die entsprechende Schädigung erst in ferner Zukunft oder in fernen Kontinenten auswirkt.

Eine Klimapolitik, die zukünftige Menschen in fernen Kontinenten dazu zwingt, Zuflucht in klimatisch weniger belasteten und ökonomisch bessergestellten Ländern zu suchen, ist moralisch nicht weniger bedenklich als eine Klimapolitik, die vergleichbare Belastungen Landsleuten auferlegt.[80] Ob ich die Zeituhr eines Sprengsatzes, von dem ich annehmen muss, dass er mindestens hundert Menschen tötet, auf den nächsten Tag, auf das nächste Jahr oder das nächste Jahrhundert einstelle, macht für die moralische Bewertung dieser Handlung ebenso wenig einen Unterschied wie die Frage, wie viele unter den Getöteten Mitglieder meiner engeren Bezugsgruppe sind. Dabei zählen auch Unterlassungen zu den Handlungen im hier relevanten Sinn. Nach der strengen Logik des universalistischen Konsequenzialismus besteht die Notwendigkeit zur »Entgrenzung der Verantwortung«[81] auch für das Untätigbleiben, wo immer ein Tätigwerden möglich und zumutbar ist. An keinem Punkt weicht die Alltagsmoral stärker von der idealen konsequenzialistischen Moral ab.

5. Nichtideale Klimaethik – eine Annäherung

Wie könnte eine nichtideale Klimaethik aussehen, die sich den idealen Forderungen des universalistischen Prioritarismus annähert? – Eine solche Klimaethik müsste mindestens die folgenden Anforderungen erfüllen:

1. Sie müsste inhaltlich der idealen Ethik so weit verwandt sein, dass sie sich als Ausfüllung des durch die ideale Ethik gegebenen Rahmens verstehen lässt. Eine Minimalbedingung dafür ist, dass sie wie die ideale Theorie universalistisch strukturiert ist.

2. Auch wenn sie nicht ihrerseits vollständig konsequenzialistisch angelegt ist, sollte sie doch zumindest so weit mit der konsequenzialistischen Idealtheorie zusammenstimmen, dass sie die Richtigkeit oder Falschheit klimapolitischer Handlungen weder nach den Handlungsmotiven noch nach den Intentionen bemisst.

3. Sie dürfte die politischen Akteure nicht überfordern. Die nichtideale Ethik muss vielmehr auf die »rechte Mitte« zwischen Unter- und Überforderung zielen. Erinnern wir uns daran, dass die nichtideale Moral im Mehr-Ebenen-Modell wesentlich *funktional* verstanden wird: Sie soll unter Realbedingungen die von der idealen Ethik formulierten Ziele so weit wie möglich erreichen. Die Funktionalität der Moral erfordert deshalb ein Maßhalten sowohl bei der Strenge der Forderungen als auch bei der Strenge der Sanktionierung von Zuwiderhandlungen. Andernfalls würde sie Verweigerungshaltungen provozieren und ihre Autorität schwächen.

4. Eine nichtideale Ethik sollte die in der Praxis schwer handhabbare und in der konkreten Anwendung kontroverse

Messgröße des »Nutzens« oder des »Wohlbefindens« durch eine leichter anwendbare Messgröße ersetzen.

Die vier genannten Desiderate sind – zusammen mit der Präferenz für einen Prioritarismus – starke Gründe, auf der nichtidealen Ebene den Nutzenbegriff zugunsten eines sowohl in höherem Maße eingeführten als auch ausgeprägter minimalistischen Begriffs aufzugeben. Ein sich anbietender Kandidat dafür ist der Begriff der *Rechte*. Mehr als Nutzengewinne und -verluste sind Rechte benennbar und aufzählbar, ihre Respektierung und Verletzung leichter überprüfbar. Der Begriff der Rechte schlägt darüber hinaus eine Brücke zur Durchsetzung moralischer Forderungen mit rechtsförmigen Mitteln wie Rechtsnormen, Rechtsprechung und rechtlichen Sanktionen für Rechtsverletzungen. Hinzu kommt, dass der Begriff der Rechte in einem besonderen Passungsverhältnis zu den Intentionen des Prioritarismus steht. Rechte entsprechen bereits vom Begriff her besonders vordringlichen Pflichten. Mit Kant und Mill gesprochen, entsprechen Rechte ausschließlich *vollkommenen* Pflichten wie der Pflicht zur Unterlassung von Schädigungen und der zum Ausgleich von Schädigungen, während den *unvollkommenen* Pflichten wie denen zum Wohltun und zur Großzügigkeit keine Rechte gegenüberstehen. So ist zwar ein Recht auf körperliche Unversehrtheit (und ein Recht auf Entschädigung für Verletzungen dieses Rechts) anerkannt, aber kein Recht auf Wohltaten. Wir sprechen von Rechten nur dann, wenn die entsprechenden Pflichten von besonderer Dringlichkeit sind und im Konfliktfall vorrangig erfüllt werden müssen. So hat die vollkommene Pflicht, die körperliche Unversehrtheit anderer zu achten (und die Pflicht, sie für Verletzungen dieses Rechts zu entschädigen), Priorität vor der unvollkommenen Pflicht, das Wohl anderer zu befördern. Dem entspricht das Unterscheidungsmerkmal des Prioritarismus auf der idealen Theorieebene: die moralische Vorrangigkeit der Vermeidung negativer und der Verbesserung niedriger Nutzenniveaus. Der auf der idealen Ebene geltenden Forderung, den Schlechtgestellten nicht noch schlechter zu stellen, als er es ist, und der Besserstellung des Schlechtgestellten Vorrang zu geben vor der Besserstellung des Gutgestellten, entspricht die Forderung auf der nichtidealen Ebene, dass die Schlechtgestellten ein *Recht* darauf haben, bessergestellt zu werden, während der Gutgestellte dieses Recht nicht hat.

Eine konsequenzialistische Menschenrechtsethik

Eine nichtideale Ethik, die den genannten vier Desideraten entgegenkommt, ist eine konsequenzialistische Version einer Menschenrechtsethik, wie sie im Zusammenhang der Klimaethik vor allem von dem Politikwissenschaftler Simon Caney, dem politischen Philosophen Henry Shue, dem Umweltrechtler Felix Ekardt sowie den Ethikern Derek Bell, Dominic Roser und Christian Seidel vorgeschlagen und für die Klima- und Entwicklungspolitik ausbuchstabiert worden ist. Eine dem Menschenrechtsansatz folgende Klimaethik geht von der Annahme aus, dass die Folgen des Klimawandels eine große Zahl von gegenwärtigen und zukünftigen Menschen in ihren Menschenrechten verletzen, indem sie sie zu einem Leben zwingen, das mit grundlegenden menschlichen Interessen unvereinbar ist. Zu diesen Rechten gehören insbesondere die Rechte auf Leben, Gesundheit und Subsistenz (Lebensunterhalt).

Dem ersten Desiderat kommt eine Menschenrechtsethik dadurch entgegen, dass sie wie die ideale Ethik, die ihr als Hintergrund dient, *universalistisch* angelegt ist. Sie gilt sowohl kosmopolitisch als auch intergenerationell. Darüber hinaus wird sie hier – ähnlich wie der von Nozick anvisierte

»Utilitarismus der Rechte«[82] – *konsequenzialistisch* verstanden. Gemeint ist damit eine Dreiheit von Merkmalen. Erstens beinhaltet sie ein Prima-facie-Verbot nicht nur direkter, sondern auch indirekter und zeitlich verzögert eintretender Menschenrechtsverletzungen. Wenn es ein Menschenrecht gibt, nicht zu verhungern, besagt ein konsequenzialistisches Verständnis dieses Rechts nicht nur, dass vermieden werden muss, dass andere als direkte Folge des eigenen Handelns hungern (etwa im Zusammenhang mit einer Belagerung oder einem anderweitigen absichtlichen Abschneiden von notwendigen Ressourcen), sondern auch, dass sie nicht der Ressourcen beraubt werden, ohne die sie zum Hungern verurteilt sind, etwa indem ihnen der Zugang zu diesen Ressourcen (beispielsweise durch Zollschranken) so erschwert wird, dass Hungern die unausweichliche Folge ist. Nicht nur eine direkte Freiheitsberaubung wird als Verletzung des Menschenrechts auf Freiheit gewertet, sondern auch eine Handlung, die bewirkt, dass es durch sie indirekt oder zeitlich verzögert zu Freiheitsverlusten kommt. Anders als in der Praxis heute vorherrschend, richtet eine konsequenzialistische Menschenrechtsethik die Aufmerksamkeit vor allem auf die Zukunftsdimension. »Hungern lassen« ist auch in diesem Zusammenhang ein einschlägiges Beispiel, denn aus heutiger Sicht ist alles andere als klar, wie es möglich sein wird, eine Weltbevölkerung von neun Milliarden Menschen, mit der für das Jahr 2050 gerechnet wird, mit den endlichen Ressourcen des »Raumschiffs Erde« zu ernähren – zumindest solange die dazu notwendigen wissenschaftlich-technischen Durchbrüche ausbleiben, etwa bei der Anpassung von Nutzpflanzen an die gewandelten Vegetationsbedingungen und bei der Herstellung synthetischer Nahrungsmittel. Bezogen auf Klima und Umwelt impliziert eine intertemporale Menschenrechtsethik insbesondere, dass keine Entwicklungen zugelassen oder gefördert werden sollten, die mit einiger Wahrscheinlichkeit eine Verschlechterung der Lebensbedingungen für künftige Menschen bedeuten – und zwar so weit, dass sie ihr Anpassungspotenzial überfordern – oder Entwicklungen begünstigen, die anderweitige Menschenrechtsverletzungen im Gefolge haben, etwa in Form von territorialen Auseinandersetzungen, Bürgerkriegen, massenhafter Entwurzelung und Flüchtlingselend.

Zweitens beinhaltet ein konsequenzialistisches Verständnis der Menschenrechte nicht nur ein Prima-facie-Verbot von aktiven Eingriffen in die fundamentalen Rechte anderer, sondern auch ein Verbot von Unterlassungen, die vergleichbare Rechtsverletzungen zur Folge haben, oder des Bestehenlassens vergleichbarer Lagen, sofern Abhilfe möglich ist. Menschenrechte werden auch durch die bloße Duldung von Notlagen – wie der absoluten Armut in Bevölkerungsteilen einiger Entwicklungsländer – verletzt, unabhängig davon, ob diese auf einen aktiven kausalen Beitrag der Verpflichteten zurückgehen.

Drittens sieht eine konsequenzialistische Menschenrechtsethik die grundsätzliche Abwägbarkeit aller Menschenrechte gegeneinander vor. »Rechte« bestehen in der Regel ebenso wenig absolut wie Pflichten. Wie Pflichten gelten auch Rechte in der Regel lediglich prima facie, das heißt, soweit sie nicht durch vordringlichere Rechte überboten werden.

Dem dritten Desiderat an eine nichtideale Klimaethik kommt eine Menschenrechtsethik dadurch entgegen, dass sie deutlich *praktikabler* ist als eine utilitaristische Kosten-Nutzen-Rechnung. Die Notwendigkeit entfällt, immaterielle Güter »umzurechnen«, sei es in geldwerte Größen (wie ökonomische Modelle) oder in nicht geldwerte Nutzengrößen (wie utilitaristische Modelle). Beide Prozeduren haben mit erheblichen technischen Schwierigkeiten zu kämpfen und sind zumeist unsicherer als die Beurteilung von Menschenrechtsverletzungen.

Eine »Umrechnung« immaterieller Werte in Geldwerte (wie die klimawandelbedingten Schäden an Leben und Gesundheit) findet sich sowohl im DICE-Modell von Nordhaus als auch im *Stern Review*, was beiden nach Auffassung der Kritiker jedoch nur unzureichend gelungen ist. Ein Versuch, immaterielle Schäden zusammen mit den materiellen Schäden in nicht geldwerte Größen (Gewinne und Verluste an *well-being*) zu transformieren, ist von Christoph Lumer im Rahmen eines dem Prioritarismus nahestehenden sogenannten UTILEX-Kalküls unternommen worden. Auch hier dient eine bereichsübergreifende »Währung« dazu, heterogene Belastungen wie die Schäden an Vegetation und Biodiversität mit den Schäden durch klimatisch erzwungene Migration und Entwurzelung kommensurabel und dadurch die Ergebnisse methodisch unterschiedlicher Szenarienrechnungen vergleichbar zu machen. Mit der hochgradigen Spezifizität der Umrechnungen schafft dieses Modell jedoch zugleich eine große Zahl von Fehlerquellen. Demgegenüber kann die Ersetzung der vielfältigen mit dem Klimawandel verbundenen Belastungen durch eine überschaubare Zahl von möglichen Menschenrechtsverletzungen das kategoriale Gerüst der Klimaethik vereinfachen, auch wenn damit nicht alle Abwägungsprobleme wegfallen. Menschenrechtsverletzungen können schwerwiegender und weniger schwerwiegend sein, und wir kommen nicht umhin, Unvergleichliches vergleichbar zu machen und Kalkulationen anzustellen, zum Beispiel darüber, welches Szenario die geringere Zahl und Wahrscheinlichkeit an Menschenrechtsverletzungen beinhaltet.

Dem vierten Desiderat, der Vermeidung von Überforderung, wird eine Menschenrechtsethik klarerweise besser gerecht als der Utilitarismus, und zwar durch ihren ausgeprägten *Minimalismus*. Eine Menschenrechtsethik zielt nicht auf umfassende Beglückung, sondern darauf, ein Minimum an Grundgütern wie Subsistenz, Freiheit und Gesundheitsschutz sicherzustellen. Das Grundpostulat der Menschenrechtsethik besagt, dass niemand in eine Lage gebracht werden soll, in der er in seinen Menschenrechten verletzt wird. Der Maßstab dafür, inwieweit eine Klimapolitik als vertretbar gelten kann, ist das Ausmaß ihres *right violation potential* (Roser) – das Risiko, dass Menschen in ihrer Folge unter ein bestimmtes, als minimal definiertes Niveau der Lebensqualität fallen. Dieser Minimalismus wirkt sich positiv vor allem auch auf die Chancen der Verwirklichung einer solchen Klimaethik aus. Sie birgt ein erheblich vermindertes Risiko, die Einstellungen und Handlungsbereitschaft der beteiligten individuellen und kollektiven Akteure zu überfordern.

Ein pragmatischer Grund für eine menschenrechtliche nichtideale Klimaethik ist, dass die Menschenrechte bereits heute von allen Nationen anerkannt sind – häufig zwar nur als Lippenbekenntnisse, aber in weiten Teilen der Welt auch de facto. Eine Menschenrechtsethik schließt an eine Vielzahl internationaler Deklarationen und Abkommen an und ist in den Köpfen der Menschen stabiler verankert als spezifischere und komplexere Vorstellungen von Klimagerechtigkeit. Anschlussfähig ist eine konsequenzialistische Menschenrechtsethik auch an die im deutschen Grundgesetz verankerten Grundrechte, sofern man diese so liest, dass sie eine implizite Zukunftsdimension enthalten. Nach dieser Lesart ist der Staat »nach Maßgabe der Grundrechte auch verantwortlich für die Auswirkungen seiner hoheitlichen Maßnahmen jenseits der zeitlichen Grenzen seiner Existenz«, er darf »späteren Generationen auch einer fernen Zukunft [...] durch Gesetz nicht antun, was ihm gegenüber den Lebenden verboten ist«, so Hasso Hofmann.[83] Hofmann geht sogar so weit, den allgemeinen Gleichheitsgrundsatz nach Art. 3 Abs. 1 GG so zu deuten, dass er nicht nur eine Ungleichbehandlung zwischen gegenwärtig Lebenden, sondern auch zwischen gegenwärtig und zukünftig Lebenden ausschließt: »Was im räumlichen Nebeneinander der Menschen unter das Verbot willkürlicher Ungleichbehandlung fällt, das ist im Zweifel, das heißt wenn ausreichende Gründe für die Rechtsänderung fehlen, auch in ihrem zeitlichen Nacheinander nicht zulässig.«[84]

Für die Praxistauglichkeit einer Klimaethik auf menschenrechtlicher Basis spricht nicht zuletzt, dass die Menschenrechte auf der Grundlage sehr verschiedener ethischer Konzeptionen rechtfertigbar sind. Dazu gehört das Konzept der jedem Menschen als solchem zukommenden Menschenwürde ebenso wie die Auffassung der Menschenrechte als Bedingungen der Chance auf ein gutes oder gelingendes Leben oder als Inbegriff der Erfüllung menschlicher Grundbedürfnisse.

Bedroht von der Klimaentwicklung sind vor allen drei Menschenrechte: das Recht auf Leben, das Recht auf Gesundheit und das Recht auf Subsistenz.[85] Bedroht ist das Recht auf Leben durch die aus dem Klimawandel zu erwartenden Wetterereignisse: Hitzewellen, Überflutungen und gehäufte Wirbelstürme. Die WHO schätzte die durch den Klimawandel verursachte Zahl der Todesfälle allein für das Jahr 2004 auf 141 000.[86] Gefahren für die Gesundheit ergeben sich für die Entwicklungsländer vor allem aus der zunehmenden Hitze, die in den Ländern Afrikas und Asiens zu einer Zunahme von Durchfallerkrankungen und Fieberepidemien führt. Das Recht auf Subsistenz droht durch Dürren, den Anstieg des Wasserspiegels mit entsprechendem Landverlust und nicht zuletzt durch die mit Fluchtbewegungen verbundenen physischen und psychischen Belastungen verletzt zu werden.

Die wichtigste Aussage einer menschenrechtlichen Klimaethik ist die über eine Beschränkung der Kompensierbarkeit von Menschenrechtsverletzungen durch noch so viele Verbesserungen an anderer Stelle oder zu einem späteren Zeitpunkt, sofern diese nicht wiederum dem Schutz von Menschenrechten dienen oder das Risiko gegenwärtiger oder späterer Menschenrechtsverletzungen mindern. Insofern sind auch Investitionen in Infrastruktur und Bildung menschenrechtsethisch relevant. Sie haben zumindest das Potential, zukünftige Menschenrechtsverletzungen zu verhindern. Die historische Erfahrung zeigt, dass die Verletzung von Menschenrechten mit dem wirtschaftlichen Wohlstand sukzessiv abgenommen hat. Es ist wohl nicht zufällig, dass die wohlhabendsten Nationen in dieser Hinsicht insgesamt am besten dastehen. Im Übrigen folgt aus dem für eine Menschenrechtsethik charakteristischen Vorrang der Übelvermeidung, dass weder die Chancen auf wirtschaftliche Entwicklung, sofern sie menschenrechtsindifferent sind, noch die positiven Folgen, die die Klimaveränderungen für einige haben, mit den Risiken für die Menschenrechte verrechenbar sind. Die Tatsache, dass das Wachstum der Weltwirtschaft weitergehen wird und die späteren Generationen mit hoher Wahrscheinlichkeit über sehr viel mehr Güter und Dienstleistungen verfügen werden als die gegenwärtigen, bleibt ebenso unberücksichtigt wie die Chancen, die die Verschiebung der Klimazonen für einige subpolare Länder bedeuten könnte, etwa bei der Erschließung heute nicht oder nur mit großem Aufwand nutzbarer Flächen für die Landwirtschaft oder den Abbau im Boden lagernder Rohstoffe.

Diese Konsequenzen sind nicht nur mit der zugrundeliegenden Konzeption des Prioritarismus gut vereinbar, sie spiegeln auch die weltweit zunehmende Sensibilisierung für die skandalöse Disproportionalität in der globalen Verteilung von Lebenschancen – auch wenn sich die Idee der Menschenrechte bisher als nur begrenzt geeignet erwiesen hat, diese Disproportionalität nachhaltig zu beseitigen.

Verantwortungsverteilung als Gerechtigkeitsproblem

Wie sich die Verantwortung für die Unterlassung von klimaschädlichem Verhalten und die Kompensation von Schäden auf die nationalen Akteure und ihre Populationen aufteilen muss, wenn die Aufteilung als gerecht gelten soll, ist nicht nur eine politisch umkämpfte, sondern auch eine ethisch kontroverse Frage. »Gerechtigkeit« ist kein einheitliches Konzept. »Gerechtigkeit« fungiert als *umbrella concept*, als Sammelbegriff für eine Reihe von Gerechtigkeitsprinzipien, die aus verschiedenen Denktraditionen stammen und häufig untereinander unvereinbar sind. Je nach Anwendungskontext ist zwischen ihnen eine Wahl zu treffen bzw. sind mehrere von ihnen in geeigneter Weise zu kombinieren.

Dass in verschiedenen Kontexten verschiedene Gerechtigkeitsprinzipien relevant sind, heißt allerdings nicht, dass die Kriterien der »gerechten« Verteilung bereits durch den Kontext, in dem sie zur Anwendung kommen – die jeweilige »Sphäre der Gerechtigkeit« (Michael Walzer) – festgelegt sind. Nur in wenigen Bereichen ist, was als jeweils kontextadäquate *local justice*[87] gelten kann, eindeutig und unangefochten. Gewöhnlich konkurrieren mehrere Vorstellungen miteinander. Die Hauptkonkurrenten sind dabei *egalitaristische* Vorstellungen von Gleichheit und Chancengleichheit, *differentielle* Kriterien wie individuelle Verdienste, individuelle Täterschaft und individueller Sonderbedarf und *globale* Kriterien wie Verteilungseffizienz, das heißt die Maximierung einer Zielgröße über alle Beteiligten.[88] Solange man sie jeweils isoliert betrachtet, erscheinen alle konkurrierenden Kriterien sehr plausibel. Kontroversen ergeben sich regelmäßig daraus, dass sie nur bedingt miteinander vereinbar sind und eine Priorisierung notwendig wird.

Die Medizinethik ist mit dieser Art von Problem seit langem vertraut, etwa im Bereich kostspieliger Behandlungsmöglichkeiten, die nicht für alle, die von ihnen profitieren könnten, gleichermaßen verfügbar sind. Besonders vordringlich stellen sich solche Probleme im Bereich der Organtransplantation, wo nicht allen, die eines Transplantats bedürfen, ein solches zur Verfügung steht. In allen diesen Fällen stellt sich die Pilatus-Frage nach der Gerechtigkeit: Nach welchen Kriterien soll die Verteilung erfolgen, wenn sie als »gerecht« gelten kann, das heißt, wenn sie zumindest einem zentralen Deckungsbereich der für diesen Bereich relevanten Gerechtigkeitsintuitionen entsprechen soll?

Die Kontroversen um die »gerechte« Organverteilung oder die »gerechte« Verteilung von Einkommen oder Steuern sind weniger Kontroversen um die Relevanz dieser Kriterien als vielmehr um die Rangfolge, in der sie zum Zuge kommen sollen. Nur wenige Ethiker favorisieren in der Frage der »gerechten« Organverteilung monistische Modelle, die nur ein einziges Kriterium gelten lassen, etwa ein strikt egalitaristisches, das die Zuordnung von verfügbaren Organen zu Spendern einem Zufallsprinzip und damit vollständiger Chancengleichheit unterwirft. Der Mainstream zieht pluralistische Lösungen vor, die unterschiedliche – und auf unterschiedliche ethische Traditionen zurückgehende – Kriterien kombinieren. So versuchen die gegenwärtig geltenden Verteilungskriterien neben der Chancengleichheit unter anderem auch konsequenzialistischen Überlegungen gerecht zu werden, etwa der Dringlichkeit und der Erfolgsaussicht, aber auch besonderen Bedarfslagen wie der Seltenheit des Vorkommens geeigneter Spenderorgane oder den mit dem Ausbleiben einer Transplantation verbundenen weiteren Gefährdungen (etwa bei Patienten im Kindesalter). Zu Kontroversen kommt es im Wesentlichen darüber, wie zwischen den gesetzlich vorgegebenen Kriterien der Dringlichkeit, der Erfolgswahrscheinlichkeit und der Chancengleichheit im Sinne einer intuitiv befriedigenden Lösung abgewogen werden soll. Ginge es nur nach dem Kriterium der Dringlichkeit und würde diese nach der zu erwartenden Lebensspanne ohne Transplantation bestimmt, würden möglicherweise die Organe ausschließlich zur Lebensrettung eingesetzt, so dass für weniger schwer Kranke, die mit einem Transplantat wesentlich länger leben könnten, keine Transplantate übrig blieben. Ginge es nur nach dem Kriterium der Erfolgsaussicht, würden weniger schwer erkrankte und jüngere Patienten sowie Patienten ohne Begleiterkrankungen bevorzugt, so dass für die Lebensrettung bei schwer Erkrankten nur wenige Organe verblieben. Streitpunkt ist, wo die richtige »Mitte« zwischen diesen verschiedenen Gesichtspunkten liegt und welche Beziehung zwischen ihnen gelten soll. Auf eine über jeden Meinungsstreit erhabene »Patentlösung« ist dabei nicht zu hoffen.

Eine Patentlösung ist auch für die Frage nach der gerechten Verteilung der klimapolitischen Verantwortungslasten unter die einzelnen Nationen nicht zu erwarten. Auch hier hängt die »Gerechtigkeit« der Verteilung von einer Vielzahl von Zielvorgaben ab, die miteinander in eine Art Überlegungsgleichgewicht gebracht werden müssen. Am häufigsten werden dabei in der Klimaethik, aber auch in der politischen Verhandlungspraxis einerseits das *Verursacherprinzip* und andererseits das *Leistungsfähigkeitsprinzip* herangezogen, in zweiter Linie auch das *Nutznießerprinzip*. Jedes dieser Prinzipien greift auf einen bestimmten gerechtigkeitsrelevanten Aspekt zurück: das Verursacherprinzip auf die

Verantwortlichkeit des jeweiligen Akteurs für die Klimaschäden; das Leistungsfähigkeitsprinzip auf die Fähigkeit, die Kosten des Klimaschutzes zu tragen und weitere Schädigungen zu unterlassen, die Geschädigten zu entschädigen und bei der Bewältigung der Schäden zu unterstützen; das Nutznießerprinzip darauf, wie weit ein Akteur von Schädigungshandeln in der Vergangenheit profitiert.

Verursacher- und Leistungsfähigkeitsprinzip haben beide ihren festen Platz in der Alltagsmoral wie auch in den ersten internationalen Verträgen zur Klimapolitik. Sie greifen aber auf verschiedene Begründungsmuster zurück: Der auffälligste Unterschied ist, dass die Anwendbarkeit des Verursacherprinzips vom Vorverhalten des Verpflichteten abhängt, die des Leistungsfähigkeitsprinzips nicht. Ginge es nur nach dem Verursacherprinzip, wäre eine Nation, die in keiner Weise kausal zum Klimawandel beiträgt, damit nicht nur von allen Verpflichtungen zur Reduktion der Schäden, sondern auch von allen Verpflichtungen zum Ausgleich von Schäden und zur Unterstützung der Geschädigten bei der Anpassung an den Klimawandel befreit. Die Lasten würden ausschließlich von den Verursachern getragen, proportional zu ihrem jeweiligen Anteil an der Kausalität. Ginge es nur nach dem Leistungsfähigkeitsprinzip, wäre eine wirtschaftlich schwache Nation auch dann nicht zu entsprechenden Leistungen (etwa zu Einzahlungen in einen globalen Hilfsfonds) verpflichtet, wenn sie an der Verursachung der Klimaschäden beteiligt ist oder in der Vergangenheit beteiligt war. Die Lasten würden ausschließlich von den wirtschaftlich leistungsfähigen Nationen getragen, auch dann, wenn sie – wie Frankreich, Norwegen oder die Schweiz – nur sehr wenig zum Klimawandel beitragen oder beigetragen haben. Ein zweiter gravierender Unterschied folgt unmittelbar aus dem ersten: Für das Leistungsfähigkeitsprinzip kommt es nicht darauf an, dass die zu kompensierenden Schäden oder die Notwendigkeit von Anpassungen auf menschliches Handeln zurückgehen. Dieser Faktor ist ausschließlich für das Verursacherprinzip relevant. Das Leistungsfähigkeitsprinzip wäre auch dann anwendbar, wenn die Klimaveränderungen und ihre Folgen durch natürliche und vom Menschen nicht beeinflussbare Ursachen verursacht wären.

Um die beiden Prinzipien in das rechte Verhältnis zueinander zu setzen und zu sehen, für welche Aufgaben sie sich jeweils am besten eignen, empfiehlt es sich, einen Schritt zurückzugehen und sich die allgemeinen Grundsätze klarzumachen, nach denen in der Moral Verantwortung auf die verschiedenen für die Übernahme und Wahrnehmung von Verantwortung in Frage kommenden Akteure verteilt wird.

Regeln der Verantwortungsverteilung

Die vorherrschenden Regeln für die Aufteilung von Verantwortung basieren teils auf anthropologischen Gegebenheiten, teils auf kulturellen Konventionen. Sie spiegeln sich sowohl in den von den meisten geteilten Gerechtigkeitsintuitionen und den mit ihnen einhergehenden Emotionen als auch in den alltagsmoralischen, rechtsförmigen oder politischen Verfahren, mit denen individuellen oder kollektiven Akteuren Verantwortung für die Unterlassung von Schädigungen, für Schadensersatz und Hilfeleistungen zugewiesen wird. Das allgemeine Prinzip, dem die Verteilung von Verantwortung folgt, ist das der *moralischen Arbeitsteilung*. Die Last der Verantwortung wird auf möglichst viele Schultern verteilt, indem Zuständigkeiten definiert werden, die verhindern, dass einige unter der Last der Verantwortung zusammenbrechen, während andere von Pflichten gänzlich freigestellt sind.

Der Vermeidung von moralischer Überforderung dienen insbesondere zwei implizite Grundsätze:

1. die Abstufung der moralischen Dringlichkeit – und des moralischen Drucks, sich entsprechend zu verhalten – zwischen vollkommenen und unvollkommenen Pflichten,

2. innerhalb der unvollkommenen Pflichten die Anbindung moralischer Hilfspflichten an vormoralische emotionale Beziehungen.

Die Abstufung zwischen vollkommenen und unvollkommenen Pflichten wirkt sich für die Aufteilung der Verantwortung im Allgemeinen so aus, dass zwar alle jederzeit zur Unterlassung von Schädigungen anderer verpflichtet sind, zur Hilfe in Notlagen aber nicht alle in gleichem Maße, sondern einige mehr als andere. Einen anderen in eine Notlage zu bringen gilt in der Regel als ein schwerwiegenderer Moralverstoß, als anderen in Notlagen nicht zu helfen. Bei der Aufteilung unserer Fähigkeit und Bereitschaft zur Hilfeleistung haben wir darüber hinaus deutlich mehr Freiheiten als bei der Nichtschädigung: Bei Spenden für mildtätige Zwecke haben wir die Wahl zwischen mehreren Zwecken, und in diese Wahl können auch außermoralische Vorlieben einfließen. Bei der Rückzahlung von Schulden haben wir keine vergleichbare Wahl. Der Grund dafür ist, dass das Versäumnis, seine Schulden zurückzuzahlen, auf die Verletzung eines beim je anderen bestehenden Rechts hinausläuft, während ein entsprechendes Recht bei den Empfängern unserer Spenden in der Regel nicht besteht. Eine Zwischenposition auf der Stufenleiter der vollkommenen und unvollkommenen Pflichten nehmen dabei die Pflichten zur Entschädigung im Falle einer Verletzung der Rechte anderer ein. Diese Pflichten sind im Allgemeinen weniger dringlich als die Pflichten zur Unterlassung von Rechtsverletzungen, aber dringlicher als allgemeine Hilfspflichten. Anders als bei allgemeinen Pflichten zur Unterstützung anderer und zur

Großzügigkeit haben wir auch beim Ausgleich von Schädigungen bei der Auswahl des Empfängers keine Dispositionsfreiheit.

Das zweite Prinzip vermeidet moralische Überforderung, indem es moralische Verpflichtungen zur Hilfeleistung an bestehende emotionale Bindungen koppelt, etwa an die Eltern-Kind-Beziehung oder an die in Familien, Nachbarschaften und Nationen vorgängig zur Moral bestehenden Solidaritätsgefühle. Es ist evident, dass die Moral schlechter oder gar nicht funktionieren würde, wären wir für die Kinder anderer in höherem Maße zuständig als für unsere eigenen. Dass moralische Hilfspflichten nach sozialer Nähe und Ferne abgestuft sind, ist auch im Rahmen einer universalistischen Moral sinnvoll: Die begrenzten moralischen Ressourcen, über die Menschen verfügen, werden aufs Ganze gesehen effektiver genutzt.

Da Hilfspflichten in der Regel positive Pflichten sind, die aktives Eingreifen und nicht nur Unterlassen erfordern, bedeuten sie sehr viel eher als Pflichten der Nichtschädigung eine Überforderung. Es ist insofern nicht verwunderlich, dass sich für sie über die Anbindung an vormoralische Beziehungen hinaus eine Reihe weiterer impliziter Regeln der Verantwortungszuweisung herausgebildet hat, die die Hilfsverantwortung begrenzen und den moralischen Druck auf den zur Hilfeleistung befähigten Akteur abmildern. Ganz wesentlich ist die Frage, ob jemand die Notsituation *schuldhaft verursacht* hat. Bei Fremdverschulden ist zur Hilfeleistung primär der Schädiger verantwortlich, bei Selbstverschulden primär der Betroffene selbst. In dem Maße, in dem der Geschädigte sich die Schädigung selbst zuzuschreiben hat, erscheint die Pflicht zur Hilfeleistung für andere geschwächt. Diese Regel spiegelt sich auch in den von der jeweiligen Notsituation ausgelösten moralischen Emotionen und Motivationen. Wie langfristige Beobachtungen zeigen, hängt die Bereitschaft, für Fernstehende zu spenden, wesentlich davon ab, inwieweit die auslösende Notlage als nicht selbst verschuldet wahrgenommen wird.

Eine andere Regel ist die vorrangige Verantwortung dessen, der sich zur Übernahme der Verantwortung freiwillig *verpflichtet* hat. Wer sich zur Unterstützung eines anderen verpflichtet hat – ausdrücklich durch Versprechen oder Vertrag oder unausdrücklich durch ein entsprechende Erwartungen weckendes konkludentes Verhalten –, wird in der Regel für eine notwendig werdende Hilfeleistung auch dann haftbar gemacht, wenn ein anderer als der seiner Verantwortung Anbefohlene der Hilfe noch dringender bedarf, aber keine Aussicht hat, sie von jemand anders zu erhalten.

Eine dritte Regel bindet die moralische Hilfspflicht an *Leistungsfähigkeit, Eignung, Erreichbarkeit* und *informationelle Nähe*. Derjenige gilt als primär zur Hilfeleistung verpflichtet, der über die zur Hilfeleistung notwendigen Ressourcen verfügt, der sich zu ihr besser als andere eignet, der erreichbar ist und der sich mit den Bedürfnissen und der Situation des Hilfsbedürftigen am ehesten auskennt. Im Sinne eines Prinzips der Erreichbarkeit lässt sich etwa das im Strafrecht geltende Prinzip der *Ingerenz* verstehen, nach dem im Fall einer nicht schuldhaft verursachten Schädigung primär derjenige zur Hilfeleistung verpflichtet ist, der den Schaden verursacht hat.

Im innergesellschaftlichen Bereich lassen sich die genannten Regeln funktional erklären als Mittel zur optimalen Nutzung der moralischen Ressourcen zum Besten aller, mögen sie auch in der Realität nur mehr oder weniger unvollkommen zur Anwendung kommen. Die Regeln der Verantwortungszuweisung können insofern als die nichtidealen Prinzipien gelten, die eine utilitaristische Ethik auf der idealen Ebene für die Praxis der Moral operationalisieren. Dass etwa für vorsätzliche Schädigungen primär das *Verursacher-*

prinzip gilt, entspricht nicht nur elementaren Gerechtigkeitsintuitionen – bereits die sprachliche Verwandtschaft von *Verantwortung* und *Verantwortlichkeit* weist darauf hin, dass das Verursacherprinzip eine moralische Urintuition ist, die Rationalisierung eines retributiven Impulses[89] –, sondern ist auch offenkundig funktional: Es belastet den Schädiger mit Verpflichtungen, die geeignet sind, ihn von ähnlichen Schädigungen abzuhalten, unter anderem mit Pflichten zum Schadensausgleich und mit strafrechtlichen und haftungsrechtlichen Sanktionen. Dass Verantwortung aufgrund von freiwillig übernommenen Rollenbeziehungen sehr viel eher akzeptiert und wahrgenommen wird als Verantwortung aufgrund von gesellschaftlich zugewiesenen Rollenbeziehungen, lässt sich ebenfalls funktional rechtfertigen: durch die wesentlich geringere Einschränkung der individuellen Freiheit. Solange die Übernahme von Rollenverpflichtungen freiwillig ist, werden die daraus resultierenden Pflichten in der Regel als weniger freiheitseinschränkend empfunden als Pflichten, denen man sich in keiner Weise entziehen kann.

Aber auch die Zuweisung von Verantwortung nach der Leistungsfähigkeit hat ihren »Sitz im Leben«, insbesondere bei Leistungen für bedürftige Gesellschaftsmitglieder. In ausgeprägten Sozialstaaten übernimmt sie in Gestalt von Beiträgen, deren Höhe nach der Leistungsfähigkeit abgestuft ist, eine führende Rolle in den Systemen der Daseinssicherung (Sozialversicherung) und bei der Besteuerung in Form einer proportionalen oder progressiven Einkommenssteuer.

In dem hier gewählten Rahmen einer konsequenzialistischen Menschenrechtsethik sind die Prinzipien der Verantwortungsverteilung primär daran zu messen, wie weit sie dem Schutz der Menschenrechte förderlich sind. Festzustellen ist, dass die Sicherung der Menschenrechte der Bedürftigsten und Ohnmächtigsten innergesellschaftlich zumindest in Sozialstaaten leidlich funktioniert, woran die Prinzipien der Verantwortungsverteilung einen Löwenanteil haben. Für die internationalen Beziehungen lässt sich dasselbe offenkundig nicht sagen. Global sind die Prinzipien der Verantwortung aufgrund von Verantwortlichkeit und Leistungsfähigkeit zwar formell anerkannt, und insbesondere die UN lassen keine Gelegenheit aus, sie immer aufs Neue zu beschwören. Aber ihre Befolgung wird nach wie vor von dem Interesse an der Erhaltung und Ausdehnung nationaler Machtsphären überlagert. Strafrechtliche Sanktionen für Schädigungen anderer wirken seit der Gründung des Haager Gerichtshofs vorerst nur für die allerschwersten Menschenrechtsverletzungen. Ein humanitäres Völkerrecht existiert, leidet aber an Durchsetzungsschwächen.

Eine bedenkenswerte Antwort auf die Frage, wie eine gerechte Aufteilung der moralischen Verantwortung im Weltmaßstab aussehen könnte, hat Robert Goodin mit seinem *Assigned Responsibility Model* gegeben.[90] Dieses Modell schlägt für die Verteilung von Hilfspflichten im internationalen Bereich Regeln vor, die denen im innergesellschaftlichen Bereich analog sind: Da auf den Egoismus und die Nahverantwortung mehr Verlass sei als auf die christliche Vorstellung einer universalen »Gotteskindschaft«[91] oder ihr säkulares Analogon, die von John Stuart Mill beschworenen »Gemeinschaftsgefühle der Menschen«[92], gibt dieses Modell der Verantwortung zur Selbsthilfe Vorrang vor der Verantwortung zur Fremdhilfe. Regierungen sind danach ihren eigenen Bürgern nicht deshalb stärker verpflichtet als den Bürgern anderer Staaten, weil sie von ihnen alimentiert werden, sondern weil sie ihren eigenen Bürgern emotional näherstehen, die Rolle des Beschützers ihrer Bürger ausdrücklich übernommen haben, die Bedürfnisse ihrer eigenen Bürger besser kennen und zur Wahrung von deren Rechten in einer günstigeren Lage sind. Sobald sie sich jedoch als unfähig erweisen, die Rechte zu wahren, sollten andere Nationen einspringen – gestaffelt nach denselben Kriterien der emotionalen Nähe, der vorgängigen Selbstverpflichtung, der Leistungsfähigkeit, der Eignung, der Erreichbarkeit und der informationellen Nähe, nach denen sich die Gerechtigkeit und Angemessenheit der Verantwortungsaufteilung innergesellschaftlich bestimmt. Dieses Modell ist im Kern utilitaristisch. Es orientiert sich am Ziel der größtmöglichen Effizienz des Gesamtsystems. Welche Zuweisung von Zuständigkeiten und Verantwortlichkeiten in Bezug auf einen Zielzustand effektiv ist, ist dabei keine normative, sondern eine empirische Frage. Sie kann nicht a priori, sondern muss auf der Grundlage historischer und sozialwissenschaftlicher Erfahrung beantwortet werden.

Verursacherprinzip versus Leistungsfähigkeitsprinzip

Was folgt daraus für die Klimaethik? Wenn, wie wir angenommen haben, zumindest die gravierendsten Klimaschäden als Verletzungen von Menschenrechten gegenwärtiger und zukünftiger Menschen aufgefasst werden müssen, stehen drei Fragen der Verantwortungsverteilung zur Beantwortung an:

1. Wer trägt die Verantwortung dafür, die gegenwärtigen und zukünftigen Verletzungen von Menschenrechten zu vermeiden?

2. Wer trägt die Verantwortung dafür, die Geschädigten für die Rechtsverletzungen zu entschädigen bzw. – bei irreversiblen Schädigungen – sie bei der Anpassung an die durch die Schädigung bewirkte Lage zu unterstützen?

3. Wer trägt die Verantwortung dafür, dass die in ihren Rechten Geschädigten auch dann für erfolgte Rechtsverlet-

zungen entschädigt werden, wenn sich die Schädiger als unfähig erweisen, Schadensersatz zu leisten, oder aus anderen Gründen keine Entschädigung eingefordert werden kann?

Vor dem Hintergrund der allgemeinen Prinzipien der Verantwortungszuweisung spricht einiges dafür, dass als Antwort auf die ersten beiden Fragen primär das Verursacherprinzip, als Antwort auf die dritte Frage primär das Leistungsfähigkeitsprinzip in Frage kommt. Damit werden die Lasten des Klimaschutzes primär denjenigen Nationen zugewiesen, die als Hauptverursacher der Klimaschäden gelten müssen, das heißt einerseits den Industrieländern, andererseits Schwellenländern wie China, Indien und Brasilien, die bereits heute zu den Hauptverursachern gehören. Da die Wirtschaftskraft dieser Länder hinter der der Industrieländer noch zurückbleibt, mögen ihre Vertreter eine Belastung mit den Kosten der Emissionsminderung und des Schadensausgleichs als ausgesprochen »ungerecht« empfinden. Eine solche Reaktion ist verständlich, aber ungerechtfertigt. Die Kostenbelastung ist eine unvermeidliche Konsequenz der Priorisierung eines der relevanten Gerechtigkeitskriterien gegenüber anderen. Jede Verteilung von Verantwortung kennt stärker und weniger stark Belastete, so wie andererseits jede Verteilung knapper Ressourcen stärker und weniger stark Begünstigte kennt. Wen immer das Schicksal ereilt, bei einer Ressourcenverteilung als Verlierer dazustehen, wird sich bevorzugt auf diejenigen Gerechtigkeitskriterien berufen, die ihn geringer belasten als das der jeweiligen Verteilung zugrundeliegende Kriterium. Insofern steht die Anrufung von Gerechtigkeitsprinzipien stets unter einem systematischen Ideologieverdacht. Insbesondere in der politischen Arena versucht jede der beteiligten Parteien diejenigen Konzeptionen ins Feld zu führen, die sie selbst begünstigen, vorausgesetzt, sie kann erwarten, dass sie von der Gegenseite zumindest im Prinzip anerkannt werden. Bei einer ethischen Sicht der Dinge wird man demgegenüber den Blick auf die Funktionalität der jeweils angerufenen Gerechtigkeitsprinzipien für das große Ganze richten. Die Frage ist dann, wie angemessen die jeweils zugrundegelegten Gerechtigkeitsprinzipien für den jeweiligen Anwendungskontext sind und wie weit sie dazu beitragen, die mit der idealen Norm postulierten Ziele zu erreichen.

Im klimaethischen Kontext dürfte es kaum zweifelhaft sein, dass unter diesem funktionalen Gesichtspunkt das Verursacherprinzip die Hauptrolle spielen sollte. Anreize zu einer Emissionsminderung und damit zu einer Minderung der Klimaschäden müssen primär bei den Emittenten selbst ansetzen statt bei kausal Unbeteiligten. Auch der Versuch, gegen die aus dem Verursacherprinzip resultierenden Verpflichtungen ein »Recht auf nachholende Entwicklung« zu setzen, erscheint problematisch. Ein solches Recht ist zweifellos anzuerkennen. Aber es darf nicht so interpretiert werden, dass es dazu berechtigt, die – bewusst oder unbewusst begangenen – Fehler der Industrieländer zu wiederholen.

Diese Antwort wirft zugleich neue Fragen auf. Erstens geht es darum, wer als »Emittent« gelten kann: Individuen, korporative Subjekte wie Unternehmen und Konzerne, Institutionen wie Wirtschaftsministerien oder ganze Nationen und Staatengemeinschaften? Zweitens stellt sich die Frage, wie weit sich die Verantwortung für die Unterlassung von klimaschädlichen Formen des Wirtschaftens über die unmittelbar Beteiligten (die Emittenten) hinaus auf die Nutznießer dieser Wirtschaftsweisen überträgt, also zum Beispiel auf die Konsumenten von Gütern aus emissionsintensiver Produktion oder auf die Bezieher von Elektrizität aus fossilen Kraftwerken.

Diese Fragen werden Gegenstand des nächsten Kapitels sein. Eine andere und grundsätzlichere Frage ist die nach der Reichweite der Klimaverantwortung in historischer Hinsicht: Sollten die heutigen Industrienationen auch für diejenigen Klimaeffekte aufkommen müssen, die sie durch historische Emissionen, also in der Periode zwischen dem Beginn der Industrialisierung in der Mitte des 19. Jahrhunderts und dem Jahr 1990, verursacht haben – dem Jahr, in dem der Zusammenhang zwischen Kohlenstoffemissionen und Erwärmung der Atmosphäre vom Weltklimarat bestätigt wurde? Wenn ja, würden die »alten« Industrieländer, etwa Großbritannien, eine höhere Belastung an Schadensersatz tragen und höhere Beiträge in einen internationalen Ausgleichsfonds einzahlen müssen, als ihrem kausalen Beitrag nach 1990 entspricht, »jüngere« Industrieländer weniger.

Die seit mehreren Jahren geführte Debatte um die Ausdehnung des Verursacherprinzips auf historische Schädigungen ist allerdings eine mehr oder weniger akademische Übung. Nur ein sehr kleiner Teil der Emissionen von Treibhausgasen entfällt auf die fragliche Periode. Der überwiegende Teil der Kohlenstoffbelastung der Atmosphäre fällt in die Zeit seit 1990.[93] Aber abgesehen davon steht das Modell historischer Ausgleichsverpflichtungen ohnehin auf unsicherem Boden. Erstens erscheint es unberechtigt, die gegenwärtigen Akteure (wie immer sie gefasst werden) für frühere Perioden moralisch haftbar zu machen, in denen der Zusammenhang zwischen Industrialisierungsniveau und klimatischer Belastung noch nicht allgemein bekannt war. Zwar hatte Svante Arrhenius einen solchen Zusammenhang bereits 1896 vermutet, und die Anzeichen mehrten sich seit Mitte der 1970er Jahre. Aber als gut begründet konnte der Verdacht erst 1990 gelten. Andererseits ist das Verursacherprinzip nur in Bezug auf vorsätzliche Schädigungen plausibel, das heißt auf Handlungen und Unterlassungen, von denen der jeweilige Akteur wusste oder hätte wissen müssen, dass sie schädigend wirken. Es ist anwendbar auf beabsichtigte, wissentlich in Kauf genommene und aus Gedankenlosigkeit nicht bedachte Schädigungen. Von einem Vorsatz in diesem Sinn kann bei Verursachern vor 1990 nicht die Rede sein. Zweitens hängt die begriffliche Möglichkeit, moralische Verantwortung aufgrund des Verursacherprinzips zuzuschreiben, von der personalen Identität des Verantwortungssubjekts mit dem verursachenden Subjekt ab. Im Gegensatz zu geläufigen Redeweisen, nach denen ganze Nationen als Verantwortungssubjekte aufgefasst werden, lassen sich aber nur individuelle Personen als Subjekte moralischer Verantwortung denken. Während rechtliche Verantwortung in proaktiver und Verantwortlichkeit in retrospektiver Hinsicht durchaus auch juristischen Personen wie Staaten, Institutionen und Unternehmen zugeschrieben werden kann, kommen als Subjekte moralischer Verantwortung nur natürliche Personen in Betracht. Der Grund dafür liegt in dem engen Zusammenhang zwischen dem im Begriff der moralischen Verantwortung enthaltenen Begriff der moralischen Pflicht und Begriffen wie Intention, Motiv und Gesinnung, die die Einheit eines personalen Bewusstseins voraussetzen. Das heißt nicht, dass nicht weiterhin von kollektiver oder korporativer moralischer Verantwortung gesprochen werden kann. Es heißt lediglich, dass diese Redeweisen als Façon de parler für ein – wie immer im Einzelnen bestimmtes – Aggregat individueller Verantwortungen verstanden werden müssen. Die Zuweisung historischer Verantwortung für den Zeitraum seit der Frühindustrialisierung erfordert jedoch zwangsläufig die Konstruktion eines generationenübergreifenden Verantwortungssubjekts von der Art einer Nation oder eines Familienunternehmens. Auch wenn den Vertretern des historischen Verursacherprinzips zuzugestehen ist, dass sie ihren Vorschlag von Schuldzuweisungen für ein Fehlverhalten, das die gegenwärtig Lebenden schon aus logischen Gründen nicht verhindern konnten, freizuhalten versuchen[94], ist doch das Verursacherprinzip ungeeignet, die Verantwortung der Angehörigen der gegenwärtigen Industrieländer für die Behebung der Klimaschäden auch danach zu bemessen, welchen kausalen Beitrag ihre Vorfahren zu diesen Schäden geleistet haben – zumindest solange »Verantwortung« in einem substantiell moralischen Sinn verstanden wird.

Damit ist nicht gesagt, dass es nicht weitere Gerechtigkeitsprinzipien gibt, die eine historische Verantwortung dieser Art begründen könnten, etwa das *Nutznießerprinzip*. Es verpflichtet eine Person immer dann zu Schadensersatz, wenn sie davon profitiert, dass andere, etwa seine Vorfahren oder Vorgänger, die Schädigungen begangen haben. So hat beispielsweise der bereits erwähnte Politikwissenschaftler Simon Caney Sympathien geäußert mit der Idee, die klimaethischen Kompensationspflichten nach dem Ausmaß zu bemessen, in dem ein Akteur Vorteile aus Klimaschäden durch seine Vorgänger genießt, gleichgültig, ob diese vorsätzlich bzw. schuldhaft verursacht wurden oder nicht.[95] Allerdings ist dieses Prinzip mit großen methodologischen Problemen behaftet. Der Anteil, zu dem der Status quo durch historisches Unrecht bedingt ist, ist in der Regel schwer zu schätzen. Die aus der Vergangenheit kommenden kausalen Linien werden von einer Fülle später dazugekommener Linien überlagert und dadurch schwer identifizierbar. In der politischen Sphäre spielt noch ein weiteres Gerechtigkeitsprinzip eine Rolle, das teilweise ähnliche Konsequenzen hat wie das Nutznießerprinzip, das Prinzip der *historischen Chancengleichheit*: Wenn A eine knappe Ressource seit längerem für sich in Anspruch genommen hat und B zu einem späteren Zeitpunkt für dieselbe knappe Ressource einen dringenden Bedarf anmeldet, kann B seinen Anspruch auf die knappe Ressource unter anderem mit Berufung auf dieses Prinzip geltend machen. So könnten sich etwa die Schwellenländer darauf berufen, dass sie bisher keine Chance hatten, von dem begrenzten Spielraum an Kohlenstoffemissionen zu profitieren, während die Industrieländer ihre Machtposition dazu nutzten und weiter nutzen, sich üppig zu bedienen. Dieses Verständnis von Chancengleichheit, so berechtigt es in anderen Kontexten sein mag, lässt sich aber offensichtlich aufgrund der Überlegung, dass Gerechtigkeitsprinzipien letztlich einen funktionalen Sinn haben und dem Gesamtwohl dienen müssen, kaum rechtfertigen. Die Konkurrenz um eine knappe Ressource birgt die ernste Gefahr der Übernutzung dieser Ressource im Sinne einer *tragedy of the commons*. Das Tragische an der »Tragödie der Allmende« ist ja, dass die für alle nutzbare Gemeindewiese durch die Übernutzung ihre Nutzbarkeit für alle einbüßt. Das Prinzip der Chancengleichheit wird jedoch dysfunktional, wenn es nicht nur dazu führt, dass historische Privilegien in Frage gestellt und gleiche Rechte geltend gemacht werden, sondern wenn es in Bezug auf das Objekt der Begierde eine im wörtlichen Sinn »mörderische« Konkurrenz anheizt, weil es – wie in der internationalen Sphäre – an einer Instanz fehlt, die verbindliche Nutzungsregeln kontrolliert und sanktioniert. Konkurrenz in Situationen, in denen eine Ressource zu verknappen droht, erscheint nur so weit rechtfertigbar, als sie produktiv ist, etwa dadurch, dass sie zu Innovationen führt, die entweder die knappe Ressource »entknappen« oder die Nutzung der knappen Ressource verbessern. Ersteres könnte darin bestehen, die die Knappheit bedingenden Faktoren zu beeinflussen (Aufforstung, Kohlenstoffsequestrierung, Geo-Engineering), Letzteres darin, die Energienutzung zu verbessern und die regenerativen Energien so weit weiterzuentwickeln, dass sie als vollwertige Substitute zur Verfügung stehen.

Dem Nutznießerprinzip und dem Prinzip der historischen Chancengleichheit wird man somit im Rahmen einer an den Menschenrechten orientierten Klimaethik allenfalls eine sekundäre Bedeutung zusprechen können. Auch wenn historische Privilegien und Ungleichheit der Chancen dem Gerechtigkeitsprinzip widersprechen, verletzen sie für sich genommen keine Menschenrechte. Ein Menschenrecht auf Gleichheit in dem Sinne, über dieselben Chancen oder über dieselben Ressourcen zu verfügen wie andere, besteht nicht. Definiert ist lediglich das Menschenrecht, dieselben Menschenrechte zu haben wie andere, also das Recht auf Subsistenz, leibliche und psychische Unversehrtheit, Sicherheit, Freiheit, Achtung und Freiheit von Ausbeutung. Das Erbrecht, das es den Erben ermöglicht, sich mit einem unverdienten, weil nicht aus eigener Kraft erworbenen Vermögen beglückt zu sehen, widerspricht der Gerechtigkeit, verletzt aber kein Menschenrecht. Auch die in vielen Industrieländern gegenwärtig bestehende Ungleichheit in den beruflichen Chancen zwischen der älteren und der jüngeren Generation, verursacht unter anderem durch die Absicherung der Arbeitsplätze zum Schaden der Jüngeren, ist ungerecht, verletzt aber, unter der Bedingung, dass die *latecomers* hinreichend unterstützt werden, kein Menschenrecht.

Demgegenüber stellen die Verknappung der Lebensgrundlagen und die Depravierung der Lebensbedingungen durch Klimaschäden, wie sie für viele der armen Länder Afrikas und Asiens zu befürchten sind, eine klare Menschenrechtsverletzung dar. Die Verantwortung dafür, dieserart Schädigung zu unterlassen und die Verluste der Betroffenen angemessen zu kompensieren, hat Vorrang vor der Verantwortung für die Erfüllung von Ansprüchen aufgrund des Nutznießer- und des Chancengleichheitsprinzips. Im Übrigen würden auch die Unterlassung und der Ausgleich von Menschenrechtsverletzungen auf der Grundlage des Verursacherprinzips zur Wiederherstellung von Chancengleichheit beitragen, insbesondere da, wo die Geschädigten für die Schädigungen in keiner Weise selbst verantwortlich sind, wie bei den Bewohnern der von Überflutung bedrohten Inseln im Indischen Ozean oder den Inuit, die angesichts der Klimaveränderungen ihre herkömmlichen Lebensweisen aufgeben müssen.[96]

Während für die Aufgaben der *mitigation* (Absenkung der Treibhausgasemissionen) und der *compensation* (Ausgleich für Schäden) das Verursacherprinzip die angemessenste Antwort auf die Frage der Verantwortungsverteilung liefert, spricht bei der dritten Art von Verantwortung einiges für das Leistungsfähigkeitsprinzip. Diese dritte Art von Verantwortung ist das Eintreten für Akteure, die den ihnen nach dem Verursacherprinzip obliegenden Verpflichtungen nicht gewachsen sind oder diesen Verpflichtungen aus anderen Gründen nicht nachkommen können.

Einen zahlenmäßig großen Anteil dieser Akteure machen verstorbene Verursacher aus.[97] Ein großer Teil der Verursacher der Klimaprobleme ist nicht mehr unter uns. Wir können nur die Lebenden mit der Verantwortung für die Vorsorge gegen weitere Klimaschäden belasten, und das auch nur so weit, als diese ihre klimaschädlichen Lebensweisen nach dem Bekanntwerden der klimaschädlichen Folgen fortgeführt haben. Die Verstorbenen sind weder geeignete Adressaten von moralischen Appellen noch von wie immer gearteten Sanktionen. Eine Entschädigung für die von den Verstorbenen verursachten Schäden ist von diesen nicht zu holen. Die gegenwärtig Lebenden können für die von ihren verstorbenen Eltern akkumulierten »Klimaschulden« nicht in Anspruch genommen werden. Schuld und Verdienst sind an die Person gebunden. Die pragmatisch gut begründete rechtliche Regel, nach der die Erben für die Schulden ihrer Eltern haften, kann für den moralischen Bereich nicht gelten.

Durch den Tod von immer mehr vorsätzlichen Verursachern im Fortgang der Zeit entsteht unweigerlich eine »Haftungslücke«, die durch Hilfeleistungen gefüllt werden muss.

Es liegt nahe, diese Lücke als eine »Notlage« zu sehen, die ethisch analog zu anderen schicksalhaften Notlagen, etwa Naturkatastrophen, zu behandeln ist. Wie in anderen Notlagen sollte insofern primär die Leistungsfähigkeit über das Ausmaß der moralisch erforderlichen Hilfe entscheiden. Dies vor allem deswegen, weil eine Aufteilung der Verantwortung nach diesem Kriterium in der Regel dazu führen dürfte, dass der Aufwand für alle minimiert wird. Gleichzeitig sollten zwei Bedingungen erfüllt sein: Es sollte geprüft werden, ob der Hilfsbedürftige nicht aus eigener Anstrengung seine Notsituation überwinden kann; und die Hilfe sollte, um keine dauerhafte Alimentierung zu provozieren, nach Möglichkeit als Hilfe zur Selbsthilfe gestaltet sein.[98]

Nach diesem Vorschlag würde das Leistungsfähigkeitsprinzip also eine signifikante, aber subsidiäre Rolle spielen. Es käme nur da zum Zuge, wo das Verursacherprinzip nicht mehr anwendbar ist. Würde das Leistungsfähigkeitsprinzip in der Klimapolitik zum primären Kriterium der Verantwortungsverteilung gemacht, wäre es mit dem Einwand konfrontiert, einerseits kontraproduktiv, andererseits ungerecht zu sein. Kontraproduktiv wäre es, weil es zu wenig Anreize bietet, die wirtschaftliche Leistungsfähigkeit mit möglichst klimaschonenden Mitteln zu erreichen und die eigene Wirtschaft so weit wie möglich zu dekarbonisieren. Ungerecht wäre es, weil es den wirtschaftlich erfolgreichen politischen Akteuren zwar höhere Lasten aufbürdet als den weniger erfolgreichen, aber zwischen Klimaschützern und Klimasündern keinen Unterschied macht.

Die UN-Klimastrategie und das GDRF

Die im Vorfeld der UN-Umweltkonferenz von Rio de Janeiro 1992 entstandene *United Nations Framework Convention on Climate Change* kann nicht nur als klimaethische Pionierleistung, sondern auch noch heute als Orientierung für die gemeinsame Verpflichtung der Völkergemeinschaft zur Abwehr der vom Klimawandel drohenden Gefahren gelten. Die Kernsätze der Rahmenkonventionen entsprechen sehr weitgehend den hier entwickelten Prinzipien:

The Parties should protect the climate system for the benefit of present and future generations of humankind, on the basis of equity and in accordance with their common but differentiated responsibilities and respective capabilities. (Art. 3, 1)
The Parties shall take full account of the specific needs and special situations of the least developed countries in their actions with regard to funding and transfer of technology. (Art. 4, 9)[99]

Übereinstimmend mit der hier vorgestellten normativen Rahmensetzung ist die Konvention *zukunftsorientiert* angelegt und lässt die historischen Klimaschädigungen, deren Ausgleich die »alten« Industrieländer einseitig belasten würde, unerwähnt. Bei der Frage der Verteilung der Kosten für Belastungsreduktion und Kompensation kombiniert sie Verursacher- und Leistungsfähigkeitsprinzip, indem sie diese sowohl nach den »differentiated responsibilities« als auch nach den »respective capabilities« bemisst. Die »differenzierten Verantwortlichkeiten« lassen sich dabei am naheliegendsten als abgestufte Verantwortung im Sinne des Verursacherprinzips verstehen, die »Fähigkeiten« als die jeweilige wirtschaftliche Leistungsfähigkeit. Zusätzlich werden die sehr bedürftigen Länder und Bevölkerungen besonders bedacht, einmal durch das Prinzip »equity« in Artikel 3.1, ein andermal durch die hervorgehobenen Ansprüche dieser Länder in Artikel 4.9.

In denselben und in anderen Dokumenten der UN finden sich darüber hinaus eindeutige Berufungen auf die Menschenrechte.[100] Das erste offizielle Dokument, das einen Zusammenhang zwischen den Menschenrechten und der Erforderlichkeit eines globalen Umdenkens in der Energienutzung herstellte, war die Resolution 7/23 über Menschenrechte und Klimawandel von 2007. Sie stellt im ersten Satz fest, dass »der Klimawandel eine unmittelbare Bedrohung für eine große Zahl von weltweit anerkannten grundlegenden Rechten wie das Recht auf Leben, Nahrung, angemessene Unterbringung, Gesundheit und Wasser bedeutet«[101]. Diese Rechte gehören zu den in zahlreichen Menschenrechtsdokumenten der Vereinten Nationen postulierten Grundrechten, insbesondere in der Allgemeinen Erklärung der Menschenrechte von 1948 und im Internationalen Pakt über bürgerliche und politische Rechte von 1966.

Aufgegriffen und in konkrete Zielvorgaben überführt werden die in der UN-Rahmenkonvention explizit und implizit postulierten ethischen Prinzipien im *Greenhouse Development Rights Framework*[102], das als der bisher überzeugendste und differenzierteste klimaethische Entwurf eines Übergangs der Weltwirtschaft in einen dauerhaft klimaverträglichen Zustand gelten kann. Analog zur neueren Entwicklung innerhalb der UN argumentiert das *Framework* auf menschenrechtlicher Basis. Das Menschenrecht auf Subsistenz wird so definiert, dass alle über hinreichende Ressourcen verfügen, um auf ein über der Armutsschwelle liegendes Niveau der wirtschaftlichen Lebensqualität zu kommen. Wie die UN-Konvention versucht es für die Probleme des Klimawandels und der Weltarmut eine gemeinsame Lösung zu entwickeln. Fernab einer rein politischen Motivation für Forderungen nach einem verstärkten Technologietransfer von den Industrie- in die Entwicklungsländer begründet das *Framework* die Integration von Klima- und Entwicklungspolitik durch Sachgesichtspunkte: Nach allen Hochrechnungen gehören die Entwicklungsländer zu den von der Erderwärmung am stärksten Betroffenen. Da ihre wirtschaftliche Lage wesentlich von der Landwirtschaft abhängt, sind sie durch Klimaveränderungen in höherem Maße verwundbar als die Industrieländer. Außerdem ist ihre Ausgangssituation ungünstiger. Mit ähnlichen Schäden, wie sie von den klimatischen Veränderungen zu erwarten sind, haben sie bereits heute zu kämpfen: Wassermangel, Bodendegeneration, Schädlingsbefall und klimatisch bedingte oder mitbedingte Epidemien. Darüber hinaus ist absehbar, dass die Bevölkerungszahlen der ärmsten Länder in den nächsten beiden Generationen weit über dem heutigen Niveau liegen werden. Während in nahezu allen Ländern der Welt das Bevölkerungswachstum rückläufig ist, sind es gerade die ärmsten Länder (20 allein in Afrika), in denen nicht nur die Bevölkerungszahl, sondern auch das Bevölkerungswachstum weiter zunimmt. Das heißt, dass sich die Wirkungen der Emission von Treibhausgasen genau in denjenigen Generationen bemerkbar machen werden, die die wahrscheinlich größte Bevölkerung aller Zeiten darstellen werden. Darüber hinaus ist anzunehmen, dass es den am stärksten durch die Klimaveränderungen betroffenen Ländern am schwersten fallen wird, die Schadensfolgen mit den verfügbaren ökonomischen, technologischen, sozialen und politischen Ressourcen zu kompensieren oder abzumildern. Während die Industrieländer, aber auch die Schwellenländer in Zukunft über Möglichkeiten verfügen werden, Wirtschaft und Lebensstil den neuen Herausforderungen anzupassen, sind die Chancen der ärmsten und durchweg stark traditionsgebundenen Entwicklungsländer in dieser Hinsicht mindestens unsicher.

Für eine Integration von Klima- und Entwicklungszielen spricht noch ein weiterer Grund: Die Erreichung der klimaethischen Ziele hängt wesentlich davon ab, welchen Entwicklungspfad die Schwellen- und Entwicklungsländer in Zukunft einschlagen werden. Es kann als sicher gelten, dass diese Ziele verfehlt werden, wenn sich die Entwicklung dieser Länder in demselben Maße auf fossile Energieträger stützt, wie dies bei den Industrieländern von der industriellen Revolution bis heute der Fall gewesen ist. Es wäre fatal, nun, da die Zusammenhänge zwischen der Feuerung mit Kohle, Öl und Gas und dem Klimawandel bekannt sind, dieselben Fehler sehenden Auges zu machen, die die Industrieländer lange Jahre blind gemacht haben. Vielmehr sollten die Entwicklungsstrategien von vornherein in Richtung einer dekarbonisierten Wirtschaftsweise gehen. Notwendig dafür ist zuallererst ein großzügiger Transfer von agrarischen und industriellen Technologien auf der Basis regenerierbarer Energieträger.

Ein besonderer Vorzug des *Framework*-Modells liegt darin, dass es auf einer strikt individualistischen Basis argumentiert und die Verantwortung von großen Gemeinschaften wie Nationen nicht nach den Durchschnittswerten – sei es des Energieverbrauchs, sei es der wirtschaftlichen Leistung – bemisst, sondern die teilweise sehr unausgeglichene Ressourcenverteilung innerhalb dieser Gemeinschaften berücksichtigt. Durchschnittswerte tendieren dazu, die Realität zu verfälschen, indem sie übersehen lassen, dass die Hauptverursacher von Klimaschäden und die von diesen Schäden Hauptbetroffenen Bevölkerungsteile ein und desselben Landes sein können. Insofern lässt sich das Problem der Klimagerechtigkeit dem Problem der Weltarmut gleichstellen. Die »emissionsstarken 500 Millionen Menschen« leben ebenso wie die potentiellen Opfer des Klimawandels über den ganzen Erdball verstreut.[103]

Ein weiterer Vorzug des *Framework* ist darin zu sehen, dass es wie die UN-Rahmenkonvention Verursacher- und Leistungsfähigkeitsprinzip kombiniert, indem es einen Index generiert, den *Responsibility and Capacity Index* (RCI), der beide Prinzipien kommensurabel macht.[104] Dieser Index dient als Verteilungsprinzip für einen internationalen Fonds, aus dem die Kosten sowohl für die Emissionsminderung als auch für die Anpassung an Klimaschäden finanziert werden sollen. Danach entfallen auf die Industrieländer anfänglich Kosten in einer Höhe, die sie nicht allein durch Emissionsminderungen im eigenen Land aufbringen können. Begleichen können sie sie nur, indem sie darüber hinaus Emissionsminderungen im Ausland ermöglichen («negative Allokation«). Um das Klimaziel einer Unterschreitung der Erwärmung der Atmosphäre um 2 °C zu erreichen und die globalen Treibhausgasemissionen bis 2050 auf 80 Prozent der Emissionen von 1990 abzusenken, müssen allerdings baldmöglichst auch die Schwellenländer zu den Kosten beitragen. Insgesamt entfallen auf die Industrieländer danach rund 75 Prozent der klimawandelbezogenen Lasten, auf die Schwellenländer zusammen rund 25 Prozent. Deutschland trägt mit 5,5 Prozent einen signifikanten Anteil der Lasten, der damit fast exakt so groß ist wie der chinesische Anteil, aber deutlich kleiner als der der Vereinigten Staaten, der nach den Modellannahmen bei 33 Prozent liegt.

Individuelle Verantwortung?

Bisher haben wir offengelassen, wer die *Subjekte* der Klimaverantwortung sind. Wir haben unterstellt, dass für diese Rolle primär kollektive Akteure wie Staaten, Staatengemeinschaften und große Unternehmen in Frage kommen. Dennoch stellt sich die Frage, wie weit auch Individuen und gesellschaftliche Gruppen Träger von Klimaverantwortung sind. Wie weit muss sich das Individuum verpflichtet fühlen, zur Emissionsminderung beizutragen, etwa durch geeignete Änderungen in Lebensstil und Konsumverhalten, eventuell auch durch aktive Beteiligung an und Einwirkung auf politische Entscheidungsprozesse?

Während in der klimaethischen Debatte Einigkeit darüber besteht, dass institutionelle Akteure den Löwenanteil der Verantwortung sowohl für die Vermeidung von Klimaschäden als auch für den Schadensausgleich übernehmen und wahrnehmen sollten, ist die Frage, ob sich aus dem Klimawandel und seinen Gefahren auch für den Einzelnen moralische Verpflichtungen ergeben, kontrovers. Vertreter zweier grundlegend verschiedener Positionen stehen sich gegenüber: auf der einen Seite diejenigen, die wie John Broome behaupten, dass jeder einzelne, noch so kleine Beitrag zum Gesamtschaden »signifikant« ist und vermieden werden sollte[105]; auf der anderen Seite diejenigen, die wie Walter Sinnott-Armstrong keine überzeugenden moralischen Gründe sehen, weshalb man als Individuum – selbst wenn man von seinen Gesinnungen her ausgeprägter »Klimaschützer« ist – seinen persönlichen Lebensstil ändern und etwa auf eine Fahrt mit einem spritfressenden SUV verzichten sollte, wenn einem so etwas Spaß macht[106]. Hintergrund dieser Kontroverse ist eine Problemstruktur, die wir aus vielen Bereichen kollektiven Handelns kennen, das *contributor's dilemma*: Das Individuum hat ein Interesse daran, dass ein bestimmtes kollektives Ziel erreicht wird. Sein individueller Beitrag zu dessen Erreichung ist – tatsächlich oder scheinbar – jedoch so gering, dass der Nutzen des Beitrags die für es entstehenden Kosten nicht aufzuwiegen scheint.

Die Frage nach Sinn, Berechtigung und Reichweite individueller Verantwortung für kollektive Schädigungen ist alles andere als eindeutig, und es nicht unwichtig, die beiden Hauptbedeutungen, in denen sie verstanden werden kann, auseinanderzuhalten. In der ersten Bedeutung kann die Frage so verstanden werden, dass sie darauf zielt, wie weit individuelles Verhalten für moralisch problematisches kollektives Schädigungshandeln einen hinreichend signifikanten Unterschied macht, um dem Einzelnen eine Teil- oder Mitverantwortung für diese Handlungen zuzusprechen. So verstanden, ist die Frage eine ethische, und zwar, je mehr man sich in sie vertieft, eine überaus komplexe Frage. In einer zweiten Bedeutung hebt die Frage darauf ab, wie weit es sinnvoll ist, das Verhalten des Einzelnen als »Stellschraube« für die Vermeidung der problematischen Effekte kollektiven Handelns zu nutzen und politische Strategien einzuschlagen, die direkt auf individuelle Verhaltensänderungen zielen. Häufig stehen ja sowohl Strategien zur Änderung des individuellen Verhaltens als auch Strategien zur Änderung der Struktur und des Verhaltens von Institutionen zur Verfügung, im ersten Fall etwa verbesserte Information und moralische Appelle, im zweiten Fall Gesetzgebung, Setzung von Grenzwerten und gezielte Änderung von Anreizstrukturen und sozialen Normen. Wie sinnvoll ist es etwa, den einzelnen Bürger dazu zu bringen, weniger Auto zu fahren und weniger Flugreisen zu unternehmen, um auf diese Weise weniger Kohlenstoff zu emittieren? Sind die individuellen Konsumenten der geeignete Ansatzpunkt für die Dekarbonisierung unseres Lebensstils oder eher die staatlich gesetzten Rahmenbedingungen, die diesen Lebensstil ermöglichen bzw. fördern, etwa durch Autobahnbau, Übernahme der Defizite von Kleinflughäfen und Subventionierung von Flugbenzin?

In der letzteren Weise verstanden, ist die Frage offenkundig eine strategische Frage. Die Antwort muss sich in ihrem Fall primär an Gesichtspunkten der Zweckmäßigkeit orientieren, wenn auch nicht ausschließlich. Denn welche Strategie sich empfiehlt, um das Ziel der Reduktion von Klimaschäden zu erreichen, hängt auch von den weiteren Zielen ab, die durch die jeweilige Strategie befördert oder hintangesetzt werden. Insofern haben auch strategische Fragen in der Regel eine ethische Komponente. Vor allem dürfen bestimmte Strategien auch dann, wenn sie die Respektierung von elementaren Rechten zum Ziel haben, nicht ihrerseits elementare Rechte (anderer oder auch der Berechtigten selbst) verletzen oder diese inakzeptablen Risiken aussetzen.

Im Folgenden konzentrieren wir uns auf die ethische Frage nach der Reichweite der moralischen Folgenverantwortung des Individuums, und zwar im Rahmen einer konsequenzialistischen Konzeption, nach der ausschließlich die abzusehenden Folgen für die moralische Richtigkeit oder Falschheit des jeweiligen Handelns oder Unterlassens bestimmend sind. Aus den konsequenzialistischen Rahmenbedingungen scheint sich für die Klimaverantwortung zunächst folgern zu lassen, dass ein Verhalten, das in keiner Weise zu den in Frage stehenden schädlichen Effekten beiträgt, keinen moralischen Vorwurf verdient, sondern als klimaethisch »unschuldig« gelten muss.

Das wäre allerdings eine einäugige Sicht der Dinge. Zwar hängt die moralische Verantwortung für einen bestimmten moralisch relevanten Effekt nach konsequenzialistischer

Vorstellung davon ab, wie sich dieses Verhalten absehbar auswirkt. Moralische Verantwortung ist in diesem Sinn – aber auch nur in diesem Sinn – gekoppelt an kausale Verantwortung. Aber die Kopplung geht nicht so weit, dass es notwendig wäre, dass das in Frage stehende Verhalten tatsächlich zu dem problematischen Effekt beiträgt. Für das Bestehen moralischer Verantwortung ist es weder notwendig, dass die Person de facto dieses Verhalten zeigt noch dass dieses Verhalten de facto zu dem Effekt einen kausalen Beitrag leistet. Für das Bestehen der Verantwortung genügt in beiden Fällen die Möglichkeit bzw. Wahrscheinlichkeit.

In diesem Punkt unterscheidet sich die Ex-ante- bzw. prospektive Verantwortung von der Ex-post- oder retrospektiven Verantwortlichkeit. Verantwortlichkeit für ein vergangenes Verhalten ist davon abhängig, dass für das Subjekt zum Zeitpunkt des Verhaltens eine Ex-ante- oder prospektive Verantwortung bestand, sich in bestimmter Weise zu verhalten. Zusätzlich ist jedoch erforderlich, dass das Subjekt mit seinem Verhalten de facto zu dem moralisch problematischen Effekt beigetragen hat, das heißt, dass zwischen Verhalten und Effekt eine kausale Beziehung besteht. Dafür müssen zwei Bedingungen erfüllt sein, die im Fall des Bestehens von prospektiver Verantwortung nicht erfüllt sein müssen: dass der betreffende Akteur das Verhalten, das mit einer gewissen Wahrscheinlichkeit zu dem Effekt beitrug, tatsächlich gezeigt hat und dass dasselbe Verhalten tatsächlich zu dem fraglichen Effekt beigetragen hat. Zumindest nach konsequenzialistischer Auffassung ist moralische Verantwortlichkeit insofern an kausale Verantwortung gebunden, als jemandem nur dann ein Effekt zugerechnet werden kann, wenn sein Verhalten zu den Kausalfaktoren gehört, die den moralisch problematischen Effekt verursacht haben.

Das heißt, dass das Ausmaß der Verantwortung des Individuums wesentlich von seinen Möglichkeiten abhängt, ein

Individuelle Verantwortung?

bestimmtes moralisch problematisches Geschehen durch sein Verhalten zu beeinflussen. Die Reichweite der Verantwortung des Individuums bemisst sich nach seiner Wirkmächtigkeit. Absolute Machtlosigkeit schließt Verantwortung aus, während mit zunehmender Macht auch der Spielraum für die Zuschreibung von Verantwortung zunimmt. Im Einzelnen hängt dieser Spielraum unter anderem von folgenden Faktoren ab:

1. *Feasibility:* Eine notwendige Bedingung des Bestehens von Verantwortung ist, dass es die situativen Bedingungen zulassen, auf die fraglichen Effekte Einfluss zu nehmen. Dabei geht es nicht darum, ob dem Individuum eine direkte oder mit hoher Sicherheit erfolgreiche Einflussnahme unmöglich ist, sondern darum, ob ihm auch eine wie immer geartete indirekte und nur bedingt erfolgreiche Einflussnahme verwehrt ist. Nur wenn sich das Geschehen nach allgemeiner Ansicht in keiner Weise durch ein mögliches Verhalten beeinflussen lässt, ist eine notwendige Bedingung der Verantwortungszuschreibung verletzt.

2. *Wissen:* Unwissenheit über die möglichen Folgen des eigenen Verhaltens schränkt die Verantwortung ebenso ein wie beschränkte Macht. Jeder Zuwachs an Folgenkenntnis bzw. an Wissen über Chancen und Risiken trägt dazu bei, bei bestehenden Einflussmöglichkeiten die Handlungsmacht und damit die Verantwortung zu erweitern. Wissen als eine Bedingung der Art und des Ausmaßes von Verantwortung umfasst dabei mehr als Folgenwissen. Es umfasst auch die möglichst präzise Abschätzung der Ausgangssituation, zum Beispiel der Intentionen und Pläne anderer Akteure, mit denen Koalitionen gebildet werden oder die die Erreichung der angestrebten Ziele vereiteln können.

3. *Freiheit:* Die Machtlosigkeit des Individuums kann darauf zurückgehen, dass es auch bei objektiv bestehenden Einflussmöglichkeiten nicht frei ist, diese wahrzunehmen.

Wie jemand nur für dasjenige Verhalten im retrospektiven Sinn verantwortlich sein kann, zu dem er eine Alternative hatte, kann er auch im prospektiven Sinn nur für diejenigen Folgen seines Verhaltens verantwortlich sein, die er frei ist, durch Handeln und Unterlassen zu beeinflussen. Zwangslagen entbinden von beiden Arten der Verantwortung gleichermaßen. (Eine andere Frage ist, ob jede behauptete »Zwangslage« oder »Alternativlosigkeit« tatsächlich diese Bezeichnung verdient.)

Nach dem Umfang der Spielräume, über die individuelle Akteure verfügen, und der Position, die sie in der von ihrem Verhalten zu den jeweils betrachteten Folgezuständen führenden Kausalkette einnehmen, lässt sich die individuelle Verantwortung dabei in zwei unterschiedlichen Hinsichten abstufen: danach, ob das Individuum *Haupt-* oder *Mitverantwortung* und ob es *direkte* oder *indirekte* Verantwortung trägt.

Haupt- und Mitverantwortung

Die Unterscheidung zwischen Haupt- und Mitverantwortung spiegelt das Ausmaß, in dem ein Individuum über Macht, Wissen und Verhaltensmöglichkeiten verfügt, auf das in Frage stehende Geschehen Einfluss zu nehmen. Bei globalen und längerfristigen Entwicklungen wie den Klimaveränderungen gehören zu den Hauptverantwortlichen primär die Akteure der Weltpolitik, gleichgültig, ob als Staatenlenker großer Nationen oder als Führungskräfte großer Korporationen (wie die Präsidenten internationaler Konzerne). Diese Akteure vertreten jeweils große Kollektive und machen ihren Einfluss im Namen des jeweiligen Kollektivs geltend. Primär verantwortlich für die Vermeidung von (weiteren) Klimaveränderungen, für den Ausgleich von Klimaschäden und nicht zuletzt auch für das Eintreten für Kompensationen, für die sich kein Verursacher dingfest machen lässt, sind institutionelle und kollektive Akteure.

Die Grenzen zwischen Hauptverantwortung und Mitverantwortung sind schwer exakt zu ziehen. Typischerweise kommt Mitverantwortung Individuen zu, die als Träger gesellschaftlich definierter Rollen handeln, durch die sie direkten Einfluss auf die Weltklimapolitik nehmen können, ohne aber als Hauptakteure, etwa als Vertreter großer Staaten, zu agieren. Hierzu gehören beispielsweise die Vertreter kleinerer Staaten, die Sprecher von Organen der Vereinten Nationen, der OECD, der OPEC und die Vertreter international tätiger Verbände und Gruppen, die über ähnlich weitreichende Informations- und Beratungskapazitäten verfügen wie die Hauptverantwortlichen. Mitverantwortung tragen auch die Vertreter der Gebietskörperschaften, die unabhängig von den Zentralregierungen und in den Grenzen ihrer Machtbefugnisse über Spielräume klimarelevanten Handelns verfügen, etwa die Teilstaaten der USA oder die Bundesländer, Städte und Gemeinden in Deutschland. Einige Staaten der USA sind der Washingtoner Regierung, was die Umweltfreundlichkeit der von ihnen erlassenen Regulierungen betrifft, weit voraus. Zahlreiche deutsche Städte und Gemeinden nutzen alternative Energieformen und senken dadurch – zu wie immer kleinen Anteilen – die Gesamtmenge an Treibhausgasemissionen.

Bei der von der Politik zu übernehmenden Verantwortung denkt man zunächst an die durch politische Entscheidungen wahrgenommene Verantwortung – Entscheidungen über gemeinsam oder einzeln einzuschlagende politische Strategien. Ein gewisser Einfluss ist aber auch von der Modellwirkung zu erwarten, die von einer gelebten Praxis ausgeht, auch wenn diese nicht ausdrücklich auf eine Einflussnahme abzielt. Wie weit diese Modellwirkung reicht, ist allerdings umstritten. In der Erziehung ist Lernen am Modell nachweislich wirksamer als Ratschläge und Zurechtweisungen. Fraglich ist, wie weit diese Einsicht auch für die weltpolitische Arena gilt. Im sozialen Bereich ist die Fähigkeit, modellbildend zu wirken, insbesondere von zwei Faktoren abhängig: vom Standing des Vorbilds und von seiner Bekanntheit. Insofern könnten die weltweit als Vorbild geltenden fortgeschrittenen Industrienationen eine beträchtliche Vorbildwirkung entfalten.

In diesem Sinne schreibt Markus Vogt: »Vor diesem Hintergrund ist der wichtigste Beitrag Deutschlands zum Klimaschutz nicht in Kohlendioxidtonnen zu messen. Er liegt vielmehr in der Vorbildwirkung. Reiche Länder wie das unsere werden weltweit nachgeahmt. Wenn wir zum Beispiel eine klima- und sozialverträgliche Energiewende schaffen, hat das globale Signal Wirkung. Der Atomausstieg ist noch keine Energiewende. Diese schließt vielmehr eine umfassende Abkehr vom ›fossilen Stoffwechsel‹ unserer Lebens- und Wirtschaftsweise mit ein.«[107]

Eine Vorbildwirkung ist allerdings nur dann zu erwarten, wenn einer Verhaltensänderung keine allzu starken Interessen entgegenstehen. Die Entwicklungsinteressen der Schwellenländer sind jedoch in ihrer Intensität nicht zu unterschätzen. Hans-Werner Sinn hat deshalb eine entgegengesetzte Tendenz prognostiziert: Der Verzicht auf die Nutzung fossiler Brennstoffe werde, da eine Drosselung des Angebots nicht zu erwarten ist, die Preise fallen lassen und dadurch die Nachfrage anheizen. Diese Entwicklung zeichne sich bereits heute in der sich beschleunigenden Zunahme der globalen Emissionen ab. Immerhin gingen 70 Prozent der globalen Emissionen auf Länder zurück, die das Kyoto-Abkommen nicht unterzeichnet haben und auch in Zukunft einem Nachfolgeabkommen nicht zustimmen werden.[108] Was Sinn allerdings nicht leugnet, ist die Vorbildwirkung der EU-Politik des *Cap and Trade* (Emissionshandel mit festen Obergrenzen) für die Pläne der UNO, ein vergleichbares System im Weltmaßstab einzuführen. Es ist in der Tat schwer zu leugnen, dass das System des Handels mit einer durch die 2 °C-Vorgabe begrenzten Zahl von Emissionszertifikaten der Idee nach als für ein globales Vermeidungsprogramm vorbildlich gelten kann: Die Zahl der handelbaren Emissionsberechtigungen ist so bestimmt, dass der politisch gesetzte Grenzwert der Emissionen nicht überschritten wird und die Unternehmen verpflichtet werden, maximal so viel Kohlenstoff zu emittieren, wie sie Emissionszertifikate erworben haben. Der Preis der Zertifikate fungiert dann als Anreiz, die Produktion und die Produktnutzung wo immer möglich auf kohlenstoffarme Formen umzustellen, ohne dabei technisch bedingt stark emittierende Industrien wie etwa die Stahl- und Zementindustrie unmöglich zu machen. Diese Unternehmen würden dann eine entsprechend große Menge an Zertifikaten erwerben müssen und die erhöhten Kosten an die Verbraucher weitergeben, die auf diese Weise einen Anreiz erhalten, die entsprechenden Produkte durch emissionsärmere zu ersetzen. Im Weltmaßstab würden die Zertifikate nach den UN-Plänen nicht zwischen Unternehmen, sondern zwischen Nationen gehandelt – mit dem Ergebnis, dass die ärmeren und bevölkerungsreichen Länder mit ihren geringen Emissionen von dem Verkauf ihrer – etwa nach der Einwohnerzahl zugeteilten – Zertifikate profitieren könnten.

Die Historie der Vergabe von Zertifikaten innerhalb der EU mahnt allerdings zu Zweifeln, ob eine Verwirklichung der Idee des *Cap and Trade* im Weltmaßstab gelingen kann. In der EU sind die Zertifikate von den Regierungen nach ihren jeweiligen wirtschaftspolitischen Interessen vergeben worden statt nach einem marktförmigen Verfahren wie der Auktionierung – mit dem Ergebnis, dass die Anreizwirkung des Emissionshandels verpuffte. Darüber hinaus sind große Emissionsquellen wie der Auto- und Flugverkehr nicht in das System einbezogen worden, unter anderem wegen der Unpopularität einer entsprechenden Belastung der Konsumenten und der Schwächung der Wettbewerbsfähigkeit der jeweiligen Industrien. Es wäre utopisch, bei einer Einführung des Systems im Weltmaßstab nicht mit ähnlichen Verwerfungen zu rechnen – schon deshalb, weil eine Begrenzung des Verbrauchs fossiler Brennstoffe die Ressourcen der kohle-, öl- und gasfördernden Nationen entwerten und Länder wie Russland oder Iran, deren Wirtschaft stark vom Verkauf fossiler Rohstoffe abhängt, massiv beeinträchtigen würde.

Hoffnungen auf eine Vorbildwirkung der Politik der Emissionsbegrenzung müssen auch insofern gedämpft werden, als noch offen ist, ob die EU-Klimaziele (Senkung der Treibhausgasemissionen bis 2030 um 40 Prozent gegenüber 1990) erreicht werden. Außerdem wird eine Vorbildwirkung durch konkurrierende Bestrebungen geschwächt, die eher als negative Vorbilder wirken, wie der Protektionismus, mit dem die einzelnen Nationen Bestandserhaltung betreiben, in Deutschland etwa die nur zögerliche Beendigung der klimaschädlichen Braunkohleverstromung. Diese wirkt sich paradoxerweise so aus, dass die deutsche Praxis anderen Ländern wie etwa Polen ein Argument liefert, ihre Kohlenutzung zu verteidigen, mit der Konsequenz, dass der EU-weit festgesetzte Kohlepreis so niedrig ist, dass die emissionsarmen deutschen Gaskraftwerke nicht wirtschaftlich betrieben werden können.

Als wenig vorbildlich können schließlich auch die Tricks gelten, mit denen einige Nationen ihre Emissionszahlen schönrechnen, etwa indem sie, wie das Deutschland praktiziert, die durch technische Innovationen in Entwicklungsländern erzielten Einsparungen in die eigene Bilanz einrechnen.

Direkte versus indirekte Verantwortung

Die Unterscheidung zwischen *direkter* und *indirekter* Verantwortung betrifft anders als die zwischen Haupt- und Mitverantwortung nicht das Ausmaß des möglichen Einflusses auf ein Geschehen, sondern die Verlaufsform der Einwirkung. Indirekt verantwortlich ist jeder Akteur, der mit seinen begrenzten Einflussmöglichkeiten Einfluss auf einen der Haupt- oder Mitverantwortlichen nehmen kann. Träger von Haupt- und Mitverantwortung tragen so weit indirekte Verantwortung, als sie – wie es in der Regel der Fall ist – Einfluss auf andere Haupt- und Mitverantwortliche nehmen können, beispielsweise als Vertragsparteien internationaler Abkommen. Während direkte Verantwortung bei wenigen Individuen gebündelt ist, die als Politiker, Lenker großer Wirtschaftsunternehmen oder Meinungsführer die Geschicke der globalen Wirtschaft bestimmen, verfügen die Individuen je für sich ganz überwiegend lediglich über indirekte Einflussmöglichkeiten, so dass ihnen als Individuen auch nur ein kleiner Teil der Gesamtverantwortung zukommt. Allerdings haben auch nichtinstitutionelle Akteure Chancen auf politische Einflussnahme, wenn sie sich zusammenschließen und zu Pressure-Groups werden, die von der Politik nicht ignoriert werden können, etwa Bürgerinitiativen, Protestbewegungen und Fraktionen innerhalb von Parteien.  Eine Bewegung wie die, die in Deutschland den Schnellen Brüter verhindert hat, würde auch die weitere Nutzung von Kohle und Öl verhindern können, freilich mit dem Unterschied, dass in den 1980er Jahren die Angst vor einer – wenig wahrscheinlichen – atomaren Katastrophe sehr viel ausgeprägter war als die gegenwärtige Angst vor – hochwahrscheinlichen – Klimaveränderungen, die anders als ein atomarer GAU in der Hauptsache Fremde treffen.

Aber in zahlreichen Rollen haben auch Individuen eine

Chance, indirekten Einfluss auf klimapolitische Entscheidungen zu nehmen: durch politische Mitbestimmungsrechte (als Wähler, als Mitglieder von Parteien, Gewerkschaften und NGOs), durch ihre ökonomischen Rollen (als Konsumenten, Arbeitnehmer, Investoren, Mitglieder von Unternehmerverbänden oder Stifter) und nicht zuletzt als sich zu klimapolitischen Fragen äußernde Wissenschaftler. Die Verantwortung, die Individuen in diesen Rollen übernehmen, wird bei Themen, die das je eigene Wohl und Wehe nur indirekt betreffen, im Allgemeinen unterschätzt. Während Konsumenten und Verbraucherschützer erfolgreich Einfluss darauf genommen haben, dass bestimmte Inhaltsstoffe von Nahrungsmitteln deklariert werden, ist ein entsprechender Druck zur Deklaration der in diese Produkte eingegangenen Kohlenstoffemissionen bisher ausgeblieben. Die britische Supermarktkette Tesco hat 2007 angekündigt, »carbon labels« auf den Verpackungen ihrer 80 000 Produkte anzubringen, so dass sich die Kunden darüber informieren können, wie viel Treibhausgasemissionen sie verursacht haben.[109] Es ist allerdings bei der Ankündigung geblieben. Das Unternehmen erklärte, die Ermittlung des CO_2-Gehalts jedes einzelnen Produkts sei zu aufwendig und andere Supermärkte würden nicht wie erhofft nachziehen.[110] Vorerst richtet sich die öffentliche Aufmerksamkeit, was den CO_2-Gehalt betrifft, zwar auf Produkte wie Biokraftstoffe, die mit der ausdrücklichen Absicht der Emissionssenkung eingeführt worden sind, aber sehr viel weniger auf Produkte wie Fleisch, die ungeachtet extrem hoher Emissionen im Herstellungsprozess eher selten mit klimapolitischen Belangen assoziiert werden. Auf die indirekte Verantwortung der Investoren, zu denen mittlerweile große Anteile der Bevölkerung der Industriestaaten gehören, hat insbesondere die Fossil-Free- bzw. Divest-Bewegung hingewiesen, die gegenwärtig vor allem an die öffentlichen Anleger appelliert, die fossile Brennstoffe fördernden und importierenden Unternehmen durch den Abzug von Kapital trockenzulegen. Über einen nicht zu vernachlässigenden indirekten Einfluss – und die entsprechende Verantwortung – verfügen schließlich auch Wissenschaftler, nicht zuletzt angesichts des Vertrauensvorschusses, den sie bei den Bürgern genießen. Auch da, wo sie nicht direkt oder indirekt politikberatend tätig sind, wirken sie – vermittelt über die Medien und die Schulen – stärker auf die gesellschaftliche Meinungsbildung, als sie zumeist selbst wahrhaben wollen. Die Privilegien des Wissens ziehen eine besondere Verantwortung nach sich, wie sonst nur die Privilegien der Macht.

Das Problem der minimalen Beiträge

Dass man Individuen im Prinzip unter geeigneten Bedingungen ein bestimmtes Quantum Klimaverantwortung zuschreiben kann, beantwortet allerdings noch nicht die Frage, ob eine Zuschreibung von Verantwortung auch in dem statistisch häufigen Fall sinnvoll ist, dass der Beitrag des Einzelnen so gering ist, dass er aufs Ganze gesehen wirkungslos bleibt. Warum sollte, um die Provokation von Walter Sinnott-Armstrong aufzunehmen, der Einzelne auf eine emissionsreiche Flugreise verzichten, wenn das Risiko, dass von dieser eine irgendwie spürbare negative Wirkung auf das Klima ausgeht, so gering ist, dass es die Annehmlichkeit der Reise nicht aufwiegt und, konsequent konsequenzialistisch argumentiert, die Folgen eines Verzichts mit großer Wahrscheinlichkeit stärker negativ zu Buche schlagen als die Flugreise unter Inkaufnahme der Emissionen?

In der Klima- wie in der Entwicklungsethik nimmt die Diskussion um die Frage der individuellen Verantwortung für minimale Beiträge zu kollektiven positiven oder negativen Gütern breiten Raum ein. Hierbei geht es um eine Reihe verschiedener Fallkonstellationen mit je eigener Problemstruktur.

Eine erste Fallkonstellation liegt vor, wenn das Individuum ein Verhalten zeigt, das zu einem kollektiven Übel minimal beiträgt. Hier impliziert der Begriff »Beitrag« bereits, dass das Verhalten des Individuums einen Teil der das fragliche Übel hervorbringenden Gesamtursache ausmacht und insofern eine – der Minimalität des Beitrags entsprechende – minimale Verantwortung besteht. Solange ein »Tropfen auf den heißen Stein« einen wie immer kleinen Abkühlungseffekt zeitigt, leistet er einen kleinen, aber genuinen kausalen Beitrag zur Abkühlung des Steins. Er ist nicht zur Unwirksamkeit verurteilt. Jede einzelne unterlassene Autofahrt oder Flugreise leistet einen Beitrag zur Reduzierung der Emissionen, auch wenn dieser Effekt erst in der Kumulation vieler gleichzeitiger Unterlassungen signifikant wird. Je schwerwiegender das kollektive Übel, desto gravierender allerdings auch ein zunächst minimaler Beitrag.

Eine andere Fallkonstellation liegt vor, wenn das Individuum ein Verhalten zeigt, das zu einem kollektiven Übel nicht einmal minimal beiträgt, da es unterhalb der Wirksamkeitsschwelle bleibt und für das Ergebnis keinen Unterschied macht. Diese Situation liegt vor bei Wahlen mit großen Wählerzahlen. Eine einzelne Stimme macht für das Wahlergebnis im Allgemeinen keinen Unterschied. Ähnlich macht es bei Wasserknappheit kaum je einen Unterschied, ob ich als ein Einzelner mehr Wasser als zulässig verbrauche; bei einem streng geschützten Naturschutzgebiet macht es kaum je einen Unterschied, ob ich es als Einziger ein einziges Mal betrete. Der Slogan »Jede Wählerstimme zählt« ist reine Rhetorik. In der Regel »zählt« die einzelne Wählerstimme nicht – zumindest nicht in dem Sinne, dass sie für das Ergebnis einen Unterschied macht. Die Frage ist: Bin ich in diesen Fällen dennoch unter konsequenzialistischen Prämissen zur Unterlassung meines Quasibeitrags zum jeweiligen Übel verpflichtet? Da mein individuelles Verhalten anders als im Tropfen-auf-den-heißen-Stein-Modell hier definitionsgemäß als solches keinen echten kausalen, sondern allenfalls einen symbolischen Beitrag zu dem unerwünschten Ergebnis leistet, sollte es, so könnte man denken, doch gerechtfertigt sein.

Diese Überlegung führt allerdings in die Irre. Für das Ausmaß der individuellen Verantwortung sind, wie wir oben gesehen haben, nicht die faktischen Folgen des jeweiligen Verhaltens ausschlaggebend, sondern die möglichen und jeweils mit ihrer Wahrscheinlichkeit gewichteten Folgen. Auch wenn mein individueller Beitrag die Wirksamkeitsschwelle de facto nicht überschreitet und keine irgendwie gearteten negativen Folgen zeigt, *könnte* er – unter ungünstigen Bedingungen oder im Ausnahmefall – diese Schwelle überschreiten. Es ist nicht ausgeschlossen, dass meine Wählerstimme wahlentscheidend wird, dass mein Wassermehrverbrauch zu einem Notstand führt, dass mein Betreten des geschützten Naturareals zur Folge hat, dass eine seltene Pflanze abstirbt. Dass mein Verhalten unschuldig ist und keinen echten kausalen Beitrag leistet, könnte auch ein purer Glücksfall sein. Die Möglichkeit ist nicht auszuschließen, dass ein winziger Tropfen, der im Allgemeinen wirkungslos bleibt, im Einzelfall genau der ist, der das Fass zum Überlaufen bringt.

Da es für das Bestehen der Verantwortung nicht auf die faktischen, sondern auf die möglichen Konsequenzen ankommt, genauer: auf den Erwartungswert der Konsequenzen, würde für den Konsequenzialisten auch in diesem Fall eine Verantwortung bestehen – die allerdings bei geringer Wahrscheinlichkeit, dass es zu einer Überschreitung der Wirksamkeitsschwelle kommt, möglicherweise nicht so schwer wiegt, dass sie nicht durch die Vorteile, die mir dies Verhalten einträgt, aufgewogen werden könnte.

Freilich erhöht sich die Wahrscheinlichkeit, dass die Wirksamkeitsschwelle überschritten wird (das Fass überläuft), mit der Zahl weiterer Akteure, von denen der individuelle Konsequenzialist annehmen muss, dass sie ähnliche Überlegungen anstellen und jeweils für sich ebenfalls eine Ausnahme machen. Auch hier sind die Wahrscheinlichkeiten entscheidend. Solange der Konsequenzialist sicher sein kann, dass er der Einzige ist, der mit seinem Verhalten ein geringfügiges Risiko eingeht, die Wirksamkeitsschwelle zu überschreiten, wird er dieses Verhalten in der Regel verantworten können. Das hypothetische Verallgemeinerungsprinzip (»Wenn jeder so handelte ...«) verfängt bei ihm nicht, da es von der Wahrscheinlichkeit absieht, mit der es zu einer Kumulation der einzelnen minimalen Beiträge und damit zu einem erhöhten Risiko der Überschreitung der Wirksamkeitsschwelle kommt.

Erst dann wird das Risiko, dass das Fass überläuft, moralisch relevant, wenn davon auszugehen ist, dass auch andere ihre Tropfen beisteuern und der eigene Tropfen Gefahr läuft, als Auslöser des Überlaufens zu wirken. Nur in diesem Fall würde aus dem minimalen »Quasibeitrag« ein minimaler Beitrag – als Wirkungsquantum, das als Zünglein an der Waage darüber entscheidet, ob diejenige Anzahl der für sich genommen »unschuldigen« Beiträge überschritten wird, die mit der Einhaltung der Wirksamkeitsschwelle vereinbar ist. Die Verantwortung des Individuums für seinen eigenen minimalen Beitrag bemisst sich in diesem Fall nach dem Risiko, dass sein Beitrag zur Überschreitung der Schwelle führt.[III]

Diese Verantwortung erhöht sich nicht nur in dem Maße, in dem der Akteur damit rechnen muss, dass andere ein ähnliches Kalkül anstellen, sondern auch in dem Maße, in dem er damit rechnen muss, dass seine Verhaltensweise andere, gleichgerichtete nach sich zieht. Für ihn kommt es insofern unter anderem auf die Öffentlichkeit des entsprechenden Verhaltens an, auf seine Rolle als Vorbild und die Wahrscheinlichkeit von Nachahmungseffekten.

Eine wiederum andere Fallkonstellation liegt vor, wenn das Verhalten des Einzelnen so geartet ist, dass es weder wie im ersten Fall de facto kausal minimal wirksam wird noch wie im zweiten das Risiko eines kausalen Beitrags nach sich zieht, sondern in einem rein symbolischen Sinn an der Verursachung des Ergebnisses mitwirkt. Diese Fallkonstellation wird in der Bioethik seit längerem unter dem Begriff »*complicity*« (wörtlich: Komplizenschaft) verhandelt. Im Unterschied zum Standardfall des Komplizen, der dem Haupttäter bei der Ausführung einer rechtswidrigen oder moralisch problematischen Handlung Hilfe leistet, zielt der Begriff »*complicity*« auf eine Teilnahme in einem nichtkausalen, symbolischen oder expressiven Sinn. Bei der Komplizenschaft im Standardsinn hat der Komplize kausalen Anteil am Zustandekommen des unerwünschten Ergebnisses, entweder dadurch, dass er den Hauptakteur bei dessen Handeln unterstützt oder indem er – wie der Hehler beim Dieb – weitere Bedingungen dieses Ergebnisses verwirklicht. Auch wenn Hehlerei rechtlich als eigenständiges Strafdelikt gilt, so dass der Hehler im Rechtssinn kein Komplize des Diebes ist, liegt strukturell ein Fall von Komplizenschaft vor: Das Verhalten des Hehlers trägt nicht für sich genommen zur Ausführung des Diebstahls bei, sondern realisiert die Ziele, um derentwillen der Diebstahl ausgeführt worden ist. Eine Weigerung des Hehlers, die Zwecke des Handelns des Diebs zu realisieren, würde den Diebstahl unattraktiv machen und zum Erliegen bringen. Im Gegensatz dazu bedeutet *complicity*, dass der Akteur das Verhalten eines oder mehrerer anderer, die einen kausalen Beitrag leisten, in einem idealen, nichtkausalen Sinne unterstützt, etwa indem er bedenkenlos Vorteile aus diesem Verhalten zieht, es nachträglich billigt oder mit dem Verhalten des oder der anderen sympathisiert.

Der Begriff der *complicity* wird in der Regel im Zusammenhang mit der retrospektiven Verantwortung, also der Verantwortlichkeit diskutiert, etwa im Zusammenhang mit dem Problem der Kollektivschuld. So vertritt Christopher Kutz in seiner Monographie *Complicity* die These, dass ein Individuum für Handlungen, mit denen es an einer kollektiven Aktion teilnimmt, auch dann verantwortlich sein kann, wenn diese Handlungen für sich genommen keinen kausalen Beitrag zu dem Ergebnis der kollektiven Aktion leisten. Weder das konsequenzialistische noch das kantianische Konzept von individueller Verantwortung sei in der Lage, diesen Fall angemessen zu erfassen. Die Zuschreibung moralischer Verantwortlichkeit für ein individuelles Verhalten könne weder davon abhängig gemacht werden, dass dieses Verhalten zu einem Übel kausal beiträgt, noch davon, dass es nicht widerspruchsfrei verallgemeinert gedacht werden kann. Entscheidend sei vielmehr die »Überlappung der Intentionen« der einzelnen an der kollektiven Aktion beteiligten Akteure. Individuelle Verantwortung bestehe bereits dann, wenn sich die Individuen an gemeinsamen kollektiven Zwecken orientieren. Entscheidend für die individuelle Verantwortlichkeit sei, dass die Wünsche und Intentionen des Individuums mit dem Projekt des Kollektivs, das andere wirksamer verfolgen, zusammenstimmen. Auch die »expressive Signifikanz«, nicht nur die »kausale Signifikanz«, sei hinreichend für die Zuschreibung von Verantwortlichkeit.[112]

Es muss bezweifelt werden, dass die »expressive« Rolle von Wünschen und Intentionen für sich genommen eine Zuschreibung von Verantwortlichkeit im retrospektiven Sinn begründen kann. Von der *complicity* mit einem schädigenden Verhalten wird man zwar sagen, dass sie einen moralischen Makel trägt, insofern sie mit den »eigentlichen« Schädigern sympathisiert, aber solange sie keinen kausalen Beitrag zum Ergebnis des schädigenden Verhaltens anderer leistet, kann sie für sich genommen nicht einmal eine minimale Verantwortlichkeit begründen. Unter realen Bedingungen wird allerdings auch eine bloße *complicity* in der Regel nicht ohne einen kausalen Einfluss auf das Ergebnis bleiben.

Die »Überlappung« zwischen den Intentionen der »Mitläufer« und denen der kausal wirksamen Akteure geht in der Regel mit einer auch kausal signifikanten Unterstützung des Verhaltens der eigentlichen Verursacher einher, zum Beispiel durch die Aufrechterhaltung des geistigen Klimas, in dem die Intentionen der Akteure realisiert werden können, durch die ausdrückliche oder unausdrückliche Billigung des Verhaltens der Akteure und insbesondere durch die Unterlassung von Kritik, Protest oder Widerstand. Werden neben den positiven kausalen Beiträgen auch die negativen einbezogen, erweisen sich viele zunächst rein symbolisch scheinende Unterstützungsformen gegen den ersten Anschein als durchaus kausal wirksam. Auch wenn die »expressive Signifikanz« des Sympathisierens für die Folgen des Handelns der eigentlichen Akteure ohne direkte kausale Bedeutung ist, fungiert sie doch vielfach als Ermöglichungsbedingung dieser Kausalität und muss nicht nur deshalb als moralisch problematisch gelten, weil sie moralisch schlechte Motive offenbart, sondern auch deshalb, weil sie ein Stück weit an der Verantwortlichkeit für das zu vermeidende Übel mitträgt.

Analoges muss für die moralische Verantwortung im prospektiven Sinn gelten. Auch ein zunächst nur rein symbolisch mit dem unerwünschten Ergebnis des Verhaltens zusammenhängender minimaler Beitrag zu einem Geschehen kann dennoch eine – wiewohl möglicherweise geringfügige – indirekte kausale Rolle übernehmen, insofern in ihm eine Haltung manifestiert, die eine Ermöglichungsbedingung für die eindeutiger zutage liegende Kausalität des Verhaltens der direkten Akteure ist.

Für die individuelle Klimaverantwortung heißt das, dass auch dann, wenn der Einzelne meint, der Klimaentwicklung lediglich ausgeliefert zu sein und keinen irgendwie signifikanten Beitrag zu einem »Herumreißen des Steuers« leisten zu können, er möglicherweise doch einen »minimalen Beitrag« dadurch leisten kann, dass er in Wort und Tat eine auf den Klimaschutz ausgerichtete Politik mit den ihm zur Verfügung stehenden Mitteln unterstützt. Selbst wenn er das *Klima* nicht direkt beeinflussen kann, kann er doch möglicherweise das *Meinungsklima* beeinflussen, von dem seinerseits Wirkungen auf das Klima ausgehen.

Eine vierte und wiederum anders gelagerte Situation liegt vor, wenn das Individuum zwar prinzipiell in der Lage wäre, seinen kausalen Beitrag zu einem kollektiven Übel zu unterlassen, die *Rahmenbedingungen* aber so geartet sind, dass jeder Beitrag, auf den das eine Individuum verzichtet, von einem anderen Individuum übernommen wird. Wie immer sich das Individuum verhält, es muss davon ausgehen, dass sein Verhalten Auswirkungen allein darauf hat, auf welche Verursacher sich die Verursachung eines kollektiven Übels verteilt, nicht aber auf das kollektive Übel selbst.

Diese Fallkonstellation besteht gegenwärtig für die von dem europäischen System der Emissionszertifikate erfassten Industrien in den EU-Mitgliedsländern. Das System stellt sicher, dass ein bestimmter Grenzwert an Treibhausgasemissionen nicht überschritten wird. Aber die Entscheidung eines Unternehmens, weniger Treibhausgase zu emittieren, führt nicht zu einer Absenkung des kollektiven Emissionsniveaus, sondern lediglich zu einer Neuverteilung der Emissionsrechte. Entscheidet sich ein Unternehmen, die Emissionen aus seinem Betrieb zu reduzieren, wird es die überzähligen Zertifikate verkaufen und damit einem anderen Unternehmen ermöglichen, mehr als bisher zu emittieren. Der Idee nach soll der Preis der Emissionsrechte dafür sorgen, dass die Industrien, für die Substitutionsmöglichkeiten verfügbar sind (wie etwa die Nutzung von regenerativen Energien), diese nutzen, ohne denjenigen, die (wie etwa der Flugverkehr) auf fossile Energie angewiesen sind, die Geschäftsgrundlage zu entziehen. Wäre das Zertifikatsystem flächendeckend eingeführt (was es gegenwärtig nicht ist), wäre in der Tat jeder individuelle Beitrag wirkungslos. Auch eine Beendigung der Braunkohleverstromung in Deutschland würde die Klimabilanz der EU nicht verbessern können.

Das heißt nicht, dass damit *jede* Wahrnehmung von Verantwortung unmöglich würde. Als sinnvolles Ziel klimaschützerischen Engagements bliebe immer noch die klimapolitische Setzung der Rahmenbedingungen selbst, zum Beispiel eine Absenkung der Emissionsgrenzwerte (mit der Folge einer weitergehenden Verknappung der Zertifikate) oder eine Verbesserung der Effizienz und Transparenz des Emissionshandels.

Dafür bedürfte es in der gegenwärtigen politischen Lage allerdings eines ausgeprägteren Engagements der Individuen. Der Klimaschutz erfährt noch lange nicht das öffentliche Interesse, das er von seiner menschenrechtlichen Bedeutung her bekommen müsste. Wie andere Themen der längerfristigen globalen Entwicklung scheint er den Bogen fortgesetzter Aufmerksamkeit zu überspannen, so dass er in Gefahr steht, von politischen Tagesfragen verdrängt zu werden. Klimaschutz ist gegenwärtig hauptsächlich ein Thema der großen Politik. Der G7-Gipfel in Elmau 2015 hat hohe Erwartungen darauf geweckt, dass es nicht bei der bisherigen »Politik der Gesten«[113] bleibt. Aber es ist unwahrscheinlich, dass dies gelingen kann, ohne dass das Klimaproblem die Zivilgesellschaft mit derselben Intensität beschäftigt wie die Kernenergienutzung und insbesondere die Brutreaktoren in den 1980er Jahren. Die bisher in Deutschland operierenden Initiativen melden sich zwar durch Aktionen und Appelle zu Wort, haben es aber, wie ein Kenner der Szene resigniert feststellt, »keineswegs vermocht, die Politik spürbar zu beeinflussen«[114].

7. Das Motivationsproblem

↳ sich moralisch zu verhalten

Unter praktischen Aspekten entscheiden sich die Aussichten auf eine Verwirklichung klimaethischer Forderungen in erster Linie am Problem der Motivation.

Der Terminus »Motivationsproblem« ist kein eingeführter ethischer Begriff und hat auch in der umweltethischen Diskussion bisher nur eine marginale Rolle gespielt.[115] Er kann jedoch als Kürzel dienen für die in der Ethik seit Platon immer wieder aufgeworfene Frage, wie Sollensforderungen – moralische oder andere – zu wirksamen Verhaltensmotivationen werden können. Die Frage stellt sich, weil Sollensforderungen von sich aus kein ihnen konformes Verhalten erzwingen können, sondern auf die Bereitschaft des Adressaten angewiesen sind. Diese Bereitschaft beruht zum Beispiel auf Eigeninteresse, Rationalität, moralischen Einstellungen oder moralischen und nichtmoralischen Gefühlen. Auch Sollensforderungen, die kategorisch formuliert sind und etwa ein »Muss« enthalten, lassen dem Aufgeforderten die Freiheit, nein zu sagen. Dennoch liegt es nahe, moralischen Forderungen auch dann, wenn sie lediglich handlungsleitend und nicht handlungserzwingend wirken, einen gewissen Eigengehalt an Motivation zuzuschreiben. Wer eine bestimmte moralische Forderung für sich akzeptiert, hat damit auch einen Grund, sein Verhalten an ihr auszurichten, und ist damit zumindest ein Stück weit motiviert, ihr zu folgen.

Mit Blick auf die moralische Motivation ist dies jedenfalls die These der sogenannten Internalisten, zu denen unter anderem Bernard Williams[116] zählt. Die Gegenposition des Externalismus hat Harold A. Prichard in einem bekannten Aufsatz aus den Anfängen der analytischen Ethik vertreten.[117] Danach sind die Sachverhalte, einen *Grund* für eine bestimmte Handlung zu haben und zu ihr *motiviert* zu sein, unabhängig voneinander. Ein Akteur, der einen Grund für eine Handlung hat, benötigt noch ein weiteres und unabhängiges Motiv, um zur Ausführung der Handlung motiviert zu sein.

Beide Auffassungen unterscheiden sich hinsichtlich der Rolle, die die Anerkennung einer moralischen Verpflichtung für die Motivation zu einem dieser Verpflichtung entsprechenden Verhalten übernimmt. In einem wichtigen Punkt stimmen beide jedoch überein: dass die Anerkennung einer Verpflichtung im Allgemeinen keine hinreichende Bedingung für ihre faktische Wahrnehmung ist. Auch wenn wir in Übereinstimmung mit dem – plausibleren und auch in der Moralpsychologie überwiegend vertretenen – Internalismus davon ausgehen, dass die Anerkennung für sich genommen ein Element von moralischer Motivation beinhaltet, wird man doch nicht voraussetzen können, dass dieses Element hinreichend ist, das entsprechende Verhalten zu bewirken. Um moralischen Prinzipien oder Vorsätzen Wirksamkeit zu verschaffen, müssen vielmehr in der Regel zusätzliche Motivationen hinzukommen.

Worte und Taten

Für die Klimaverantwortung wird das Motivationsproblem insbesondere deshalb akut, weil zwischen der Bereitschaft zur Anerkennung von klimaethischen Verpflichtungen und der Bereitschaft, entsprechend diesen Verpflichtungen zu handeln, eine breitere Lücke zu klaffen scheint als in anderen Bereichen der Moral. Im Bereich der öffentlichen Moral zeigt sich dies etwa in der Wirtschafts- und Steuermoral. Vorstandsmitglieder großer Wirtschaftsunternehmen, die sich der Korruption und Veruntreuung von Geldern schuldig gemacht haben, werden ohne viel Federlesen hinter Gitter gebracht. Hier kommen also ethische Vorstellungen und praktisches Handeln zur Deckung. Nicht so einfach ist das aber bei den Beschäftigten im Braunkohlebergbau: Im offenkundigen Widerspruch zu den Klimaschutzzielen der Bundesregierung wird ihnen der Erhalt ihrer Arbeitsplätze immer wieder zugesichert. Selbst im »Energiewende«-Land Deutschland, das international als Vorreiter eines vorausschauenden Klimaschutzes gesehen wird, hat Klimapolitik Konjunktur eher in Worten als in Taten.

Psychologisch ist die Diskrepanz zwischen Worten und Taten in der Klimapolitik gut erklärbar. Beim Klimaproblem treffen mehrere Faktoren zusammen, von denen bekannt ist, dass sie sich auf die Motivation, sich den eigenen moralischen Normen gemäß zu verhalten, hemmend auswirken: der ausgeprägte *Zukunftsbezug* der Klimaverantwortung, die *soziale Distanz* gegenüber den Hauptbetroffenen und die Bedrohlichkeit der geforderten Veränderungen für den zur Gewohnheit gewordenen *Lebensstil*.

Den ersten Faktor, den Bezug auf eine für uns nicht mehr erlebbare, abstrakt bleibende und schwer imaginierbare Zukunft, hat die Klimaverantwortung mit der Verantwortung für die langfristige Erhaltung der menschlichen Lebensgrundlagen und der Biodiversität gemeinsam. Hier wie dort wird eine Langfristverantwortung in Befragungen überwiegend und mit großem Nachdruck anerkannt – in Übereinstimmung mit dem »ersten Gebot«, das Hans Jonas in seiner Verantwortungsethik aufgestellt hat: das Gebot, die zukünftige Existenz der Menschheit nicht zu gefährden[118]. Dass sich dennoch zwischen Akzeptanz und Befolgung von langfristigen Erhaltungspflichten eine »Motivationslücke« auftut, lässt sich mit den Besonderheiten dieser Pflichten erklären.

Eine erste Besonderheit ist, dass Verpflichtungen in Bezug auf die fernere Zukunft zwangsläufig *nichtreziproker* Natur sind. Von den Zukünftigen sind keine Gegenleistungen, aber auch keine Sanktionen zu erwarten. Sie können weder für die Gegenwärtigen etwas tun noch sich an der Gegenwart für erlittene irreversible Benachteiligungen schadlos halten. Sie sind einseitige Nutznießer, aber auch einseitig Betroffene. Sie verdanken der Gegenwart in positiver Hinsicht ein gewaltiges Wachstum des Wissens und Könnens, für das sie sich bei der Gegenwart allenfalls symbolisch bedanken können, und sie erben in negativer Hinsicht einen gewaltigen Verlust an erschöpflichen Ressourcen und an Biodiversität, für den sie sich bei der Gegenwart allenfalls symbolisch beklagen können. Relevant für die klimaethische Motivation ist vor allem, dass die in Zukunft Lebenden keine Sanktionsmacht gegenüber gegenwärtigen Schädigern haben. Sie können uns Schäden, die wir ihnen zufügen, in keiner Weise vergelten. Sie können uns eine solche Vergeltung nicht einmal androhen. Zum Zeitpunkt, zu dem sich die klimatischen Veränderungen am massivsten auswirken werden, werden die heute Verantwortlichen nicht mehr leben. Während die Kinder und Enkel bereits heute ihren Anteil einklagen und gegen zukünftige Belastungen protestieren können (etwa angesichts der Verpflichtung zur Erwirtschaftung von in Zukunft steigenden Rentenzahlungen), bleiben die Urenkel zwangsläufig stumm. Wenn sie eine Stimme haben, dann allenfalls so, dass ihre Interessen und Rechte advokatorisch, durch Stellvertretung, in der Gegenwart antizipiert und geltend gemacht werden.

Auf einen zweiten Aspekt wurde bereits oben hingewiesen: darauf, dass Zukunftsentwicklungen *ungewisser* sind als die Gegenwart und dass die Kausalität eines Gegenwartshandelns auf die zukünftigen Lebensbedingungen schwerer abzuschätzen ist als die Kausalität eines vergangenen oder gegenwärtigen Handelns auf räumlich weit entfernte Weltregionen. Auch wenn bestimmte Abschätzungen sicherer sind als andere – die Schätzungen der demographischen Entwicklung bis zur Jahrhundertmitte weisen eine sehr viel kleinere Streuung auf als die der Zerstörung der Biodiversität durch den Klimawandel –, ist Ungewissheit eine nicht vernachlässigbare Größe. Die Ungewissheit betrifft dabei mehrere Dimensionen[119]: Erstens besteht eine Restunsicherheit hinsichtlich der Verlässlichkeit der wissenschaftlichen Szenarien, auf die sich die Risikoprognosen stützen. Auch wenn es, was die physikalische Seite betrifft, beim Klimawandel wenig Spielraum für Zweifel gibt, besteht ein größerer Spielraum bei der Frage, wie sich die steigenden Temperaturen auf Wirtschaft, Lebensbedingungen und – die ethisch relevanteste Dimension – Lebensqualität auswirken werden. Da die Motivation zur Absenkung der Treibhausgasemissionen zu einem großen Teil von den Folgen für einen selbst und die unmittelbaren Nachkommen abhängt, sind vor allem die Unsicherheiten hinsichtlich der lokalen und regionalen Auswirkungen von Bedeutung, insbesondere mit Blick auf den zu erwartenden Ansturm von Klimaflüchtlingen auf die Wohlstandsfestung Europa und deren Aufnahme- und Assimilationskapazität. Die zweite Ungewissheitsdimension ist die Unvorhersagbarkeit des technischen Fortschritts. Es ist nicht auszuschließen, dass sich weniger risikoreiche technische Lösungen für eine Neutralisierung des Kohlendioxids finden lassen als die gegenwärtig unter dem Titel Geo-Engineering diskutierten.[120] Und drittens ist ungewiss, ob sich die gegenwärtigen Anstrengungen zur Emissionsminderung überhaupt in nennenswerter Weise auf die ethisch relevanten Zielgrößen auswirken. Im Bereich langfristiger Vorsorge sind wir mit einem systematischen Mangel an Rückmeldung über Erfolg und Misserfolg konfrontiert. Daher fehlt es weitgehend an »Kontrollüberzeugungen«, von denen wir wissen, dass sie eine wesentliche Vorbedingung für die Bereitschaft sind, das eigene Verhalten den eigenen Prinzipien anzupassen. Ohne geeignete Kontrollüberzeugungen ist die Verhaltensmotivation zwangsläufig instabil. Ein weiterer Aspekt ist die Ungewissheit darüber, wie weit die nachfolgenden Generationen die heute initiierten Strategien weiterführen werden. Kein Individuum und kein Kollektiv kann sich heute sicher sein, dass die Nachkommen unsere Werte und Normen so weit teilen, dass sie den einmal begonnenen Umgestaltungsprozess in die Zukunft verlängern. Viel hängt davon ab, wie weit es der gegenwärtigen Generation gelingt, den Zukünftigen zu demonstrieren, dass es möglich ist, auf fossile Brennstoffe zu verzichten, ohne Wohlstandsverluste hinnehmen bzw. Wachstumserwartungen enttäuschen zu müssen.

Ungewissheit wirkt sich durchgängig motivationsmindernd aus. Die Bereitschaft, Schäden zu vermeiden, die im Falle des Nichtstuns mit Sicherheit eintreten würden, ist ausgeprägter als die Bereitschaft, ungewisse Risiken im Sinne vielleicht eintretender Schäden zu vermeiden. Ebenso verhält es sich mit positiven Chancen. Solange unklar ist, ob sich die mit Verhaltensänderungen verbundenen Nutzeneinbußen in der gewünschten Weise »auszahlen«, ist von einer massiven Schwächung der Motivation zu diesen Änderungen auszugehen.[121]

Hinzu kommt, dass Zukunftsprobleme schwerer medial zu vermitteln sind als Gegenwartsprobleme. Es gibt Fernsehberichte über Katastrophen in der Dritten Welt (die in der Regel eine beachtliche Spendenbereitschaft aktivieren), aber keine über zukünftige Katastrophen, die uns mit vergleichbarer Wirksamkeit zur Prävention motivieren. Mediale Repräsentationen von Zukunftskatastrophen sind vielfach zu überdramatisiert, um als glaubwürdig wahrgenommen zu werden.

Der zweite Faktor, die *soziale Distanz* zu den Hauptbetroffenen, weist Überlappungen mit dem Zukünftigkeitsfaktor auf, geht aber zugleich darüber hinaus. Da die Hauptbetroffenen überwiegend in der Zukunft leben, sind sie bereits deshalb zwangsläufig anonym. Sie kommen lediglich als »statistische« statt als »identifizierte« Opfer in den Blick. Zu solidarischem Handeln motivierende Gefühle werden jedoch eher von Menschen ausgelöst, die »vor unseren eigenen Augen« schwerwiegende Übel erleiden oder zu erwarten haben (wie die Opfer von Grubenunglücken, Erdbeben oder Seuchen), selbst in Fällen, in denen ein nüchternes utilitaristisches Kalkül nahelegen würde, die auf die akute Rettung verwendeten Ressourcen eher für Anstrengungen zur Prävention zu nutzen.[122] Ein weiterer für die Klimaverantwortung spezifischer Aspekt ist, dass die Hauptbetroffenen voraussichtlich überwiegend fremden Kulturkreisen angehören, während die Bewohner der Industrieländer, die gegenwärtig die höchsten Kohlenstoffemissionen verursachen (der durchschnittliche Amerikaner jährlich 20 Tonnen, der Deutsche zehn Tonnen – nachhaltig aufrechterhalten werden könnte eine globale Emission von zwei bis drei Tonnen pro Kopf), überwiegend meinen, von den nachteiligen Folgen der Klimaveränderungen verschont zu bleiben.[123] Auch unter der Annahme, dass sich die Bindungen und Loyalitäten in Europa in Zukunft von den Nationen weg in Richtung auf den Kontinent bzw. die Europäische Union in ihrer zukünftigen Gestalt bewegen und nicht mehr (wie heute) primär die Nation als Bezugsgruppe empfunden wird, befinden sich die Hauptbetroffenen außerhalb des Empathiehorizonts der Hauptakteure. Die psychologischen Bedingungen für Hilfsbereitschaft, die der Entwicklungsethiker Peter Unger in Bezug auf die Dritte Welt aufgelistet hat[124], erfüllen die Hauptbetroffenen der Klimabelastung in nahezu allen Punkten nicht hinreichend, um zu solidarischem Handeln zu ermutigen:

1. Physische Nähe
2. Soziale Nähe
3. Informationelle Unmittelbarkeit
4. Anschaulichkeit
5. Alleinstellung des potentiellen Helfers
6. Notfallcharakter
7. Kausale Fokussierung
8. Epistemische Fokussierung
9. Hilfeleistung durch konkrete Güter und Dienstleistungen (statt durch Geld)

Möglicherweise ist das Klimaproblem einfach »zu groß«, um für das auf näherliegende Ziele eingestellte Motivationssystem des Menschen erreichbar zu sein.[125]

Die dritte Erschwernis, die Notwendigkeit, Gewohnheiten und Lebensstile den klimaethischen Anforderungen anzupassen, wirkt sich vielleicht noch einschneidender auf die Chancen einer konsequenten Anpassungsstrategie aus. Einsozialisierte Lebensgewohnheiten zu ändern, ist ein mühsames Unterfangen, und in Demokratien haben Politiker nachvollziehbare Bedenken, sich allzu weit vom Durchschnitt der Bevölkerung zu entfernen. Die überraschend schnell vollzogene Durchsetzung der sozialen Präferenz gegen das Rauchen ist kein gutes Gegenbeispiel. Kohlenstoffemissionen gefährden weder die eigene Gesundheit der Akteure noch die unmittelbare Umwelt. Die Risiken bleiben abstrakt. Sie appellieren eher an den kalten Verstand als an das Herz. Eine »visceral response«[126], eine »Bauchreaktion«, die zu angemessenem Verhalten motivieren könnte, fehlt. So bleibt es in den gegenwärtigen Industrieländern beim Nebeneinander von klimaschützerischen Ambitionen und der Schonung stabil in die Lebensführung integrierter Gewohnheiten wie der motorisierten Mobilität. Gegenwärtig bietet gerade Deutschland ein anschauliches Beispiel für diesen Widerspruch: Eine Nation, die in Sachen Umwelt und Klimaschutz Vorreiter zu sein beansprucht (und dies in vielen Hinsichten auch ist), übersät gleichzeitig die Welt mit Luxusspielzeugen für Erwachsene – spritschluckenden und emissionsintensiven »Premiumautos«. Nicht überraschend, dass sich dieselben Aporien in den Einstellungen der Konsumenten zeigen. So fand der Stuttgarter Sozialwissenschaftler Michael M. Zwick in einer Studie heraus, dass zwar 50 Prozent der von ihm Befragten in der Klimaproblematik ein »hohes oder sehr hohes Katastrophenpotenzial« und sogar 54 Prozent »große oder sehr große gesellschaftliche Gefahren« sehen, dass dies jedoch in keiner Weise mit der Bereitschaft korrespondiert, die Ursachen dafür bei sich selbst zu suchen.[127] Ähnliche Verleugnungshaltungen zeigten Umfragen in den USA.[128] Die meisten Amerikaner sind nicht bereit, weniger Auto zu fahren (und Züge und Busse zu benutzen), und lehnen eine höhere Kraftstoffbesteuerung ab.[129] Wie die Schwierigkeiten zeigen, etwa durch eine hohe Kraftstoffbesteuerung eine Eindämmung des ausufernden Autoverkehrs zu erreichen, sind habitualisierte und lebensstilbestimmende Verhaltensweisen gegen politische Steuerungsbemühungen überwiegend resistent. Es ist fraglich, ob eine Kraftstoffbesteuerung, die so hoch wäre, dass sie tatsächlich zu einer Bremsung des Verkehrswachstums führen würde, politisch durchsetzbar wäre, zumindest außerhalb von akuten Krisensituationen wie der Ölpreiskrise der 1980er Jahre. Wo Langzeitverantwortung Veränderungen in den Verhaltensgewohnheiten der Gesellschaft erfordert, sind ihre Chancen, sich gegen die Wünsche nach Festhalten an diesen Mustern und gegen eine entsprechende Verdrängung der heraufbeschworenen Zukunftsbedrohungen durchzusetzen, eher pessimistisch einzuschätzen.

Phänomene einer »avoidant maladaptation«, einer vermeidungsorientierten Fehlanpassung, sind keine Eigentümlichkeit der Industrie- und Schwellenländer. Wie die Ethnologen Torsten Grothmann und Anthony Patt in einer Studie gezeigt haben, haben rein kognitiv vermittelte Risiken auch in den Entwicklungsländern zu wenig Motivationskraft, um als irrational erkannte Verhaltensweisen anzupassen. Als sehr viel wirksamer erwiesen sich Rollenspiele und Konfrontationen mit konkreten Verhaltensalternativen, die die Affekte stärker mobilisieren als pure Information.[130]

Indirekte Motivatoren

Alle drei Faktoren – der *Zukunftsbezug* der Klimaverantwortung, die *soziale Distanz* zu den Hauptnutznießern und der *Konservativismus der Lebensstile* – tragen dazu bei, dass sich auch unzweideutig erkannte Gefahren psychisch leichter verdrängen lassen als Gefahren, die zeitlich unmittelbar drohen, die einen selbst oder Nahestehende treffen und die ohne massive Verhaltensänderungen zu bewältigen sind. Dass Warnungen vor in Zukunft möglichen Katastrophen ganz allgemein weniger Bereitschaft zu solidarischem Handeln auslösen als Gegenwartskatastrophen, wird dabei wiederum durch mehrere Einzelaspekte verständlich: Nicht-Reziprozität, Ungewissheit und Anonymität der Zukünftigen. Dies alles sind Gründe für Zweifel, ob die aus der Anerkennung von Klimaverantwortung fließenden Motivationen intensiv und verlässlich genug sind, um unter dem Ansturm konkurrierender moralischer und nichtmoralischer Werte und Ziele das faktische Verhalten zu beeinflussen.

Das heißt allerdings nicht, dass die Aussichten für eine Motivierung zur Klimavorsorge vollständig düster sind. Eine günstigere Prognose als den *direkten* Motivationen ist den *indirekten* Motivationen zur Wahrnehmung von Klimaverantwortung zu stellen. Indirekte Motivationen richten sich nicht auf die Vorsorge für die Zukünftigen selbst, sondern auf andere und näherliegende Ziele, von denen anzunehmen ist, dass sie sich in der Richtung einer Vorsorge für Zukünftige auswirken. Der entscheidende Vorzug der indirekten Motivationen liegt in einer tragfähigeren emotionalen Basis. Indirekte Motivationen können sich im Allgemeinen auf eine Reihe emotionaler Faktoren stützen, die den direkten nicht in gleicher Weise zur Verfügung stehen, auf »uneigentliche moralische Motive«[131]. Uneigentliche moralische Motive ersetzen oder unterstützen die moralischen Motive im eigentlichen Sinne – das Tun des Rechten um des Rechten willen –, indem sie zu einem Verhalten anreizen, das dem moralisch Erforderten äquivalent ist, sich aber anders als »eigentlich« moralische Motivationen wie Pflichttreue, Integrität und Verantwortungsbereitschaft auf eine verlässlichere emotionale Basis stützen kann. Diesen Motiven sind Motive wie Liebe, Mitleid, Fürsorge und Solidarität zuzurechnen. Sie sind zumindest überwiegend moralischen Motiven funktional gleichwertig, sind aber stärker an affektiv getönte Beziehungen und Bedürfnisse angebunden.

Das bekannteste Modell einer indirekten Motivation für Langzeitverantwortung ist die *chain of love*, die intergenerationelle Verkettung der Für- und Vorsorge für die jeweils nachfolgende Generation.[132] Nach diesem Modell sorgt jede Generation lediglich für die Generation der Kinder, wobei sich infolge der »Verkettung« der Generationen dieselben Effekte ergeben wie bei einer hypothetischen Wahrnehmung von Fernverantwortung durch die erste Modellgeneration. Unter der Annahme, dass das Verhalten der Eltern eine Vorbildfunktion übernimmt und die Kinder für ihre eigenen Kinder ebenso vorsorgen, wie die Eltern für sie vorgesorgt haben, wird aufs Ganze gesehen für die Urenkel dieselbe Vorsorge betrieben, wie wenn sich alle Generationen ausschließlich an abstrakt-moralischen Grundsätzen der

Zukunftsvorsorge orientieren. Die Pointe dieses Modells ist, dass es dann, wenn die gegenwärtige Generation *nicht* für die Urenkel, sondern ausschließlich für die Generation der Kinder vorsorgt, den Urenkeln möglicherweise besser geht als bei der Befolgung ambitionierter intergenerationeller Moralprinzipien.

Wie in der Moral insgesamt könnte insofern auch in der Zukunftsmoral der indirekte Weg dem direkten überlegen sein. Wie es für das Erreichen moralischer Ziele günstiger sein kann, wenn wir uns nicht von eigentlichen moralischen Motiven wie der Befolgung abstrakter moralischer Normen, sondern von uneigentlichen moralischen Motiven wie spontanem Mitleid, Fürsorglichkeit und stabilen emotionalen Bindungen leiten lassen, so kann es auch für die Erfüllung der Ziele der Klimaverantwortung günstiger sein, wenn wir uns in der Praxis an weniger weit ausgreifenden und zunächst lediglich auf die nächste Generation bezogenen Leitvorstellungen orientieren.

Eine zweite Form indirekt wahrgenommener Langzeitverantwortung ohne im eigentlichen Sinne moralische Motive ist die Erhaltung und Pflege intrinsischer kultureller Werte. Die Wertschätzung kultureller Werte wie bestimmter Formen von Kunst, Musik, Literatur, Philosophie und Wissenschaft, aber auch sozialer Tugenden und politischer Institutionen, ist anthropologisch eng verknüpft mit dem Motiv, diese Werte in ihrem Bestand zu erhalten und langfristig erhalten zu wissen. Wer die Musik von Bach liebt, hat in der Regel auch ein Interesse daran, dass diese Musik nicht verlorengeht und von den nachfolgenden Generationen auch dann, wenn sie ihr nur wenig abzugewinnen vermögen, erhalten und an die späteren Generationen weitergegeben wird: »To love is, amongst other things, to care about the future of what we love.«[133] Es ist nicht vorstellbar, Werte wie wissenschaftliche Wahrheit, künstlerische Perfektion oder die Prinzipien der Demokratie ernsthaft zu vertreten und nicht gleichzeitig zumindest zu hoffen, dass sie – in Analogie zu Nietzsches »Alle Lust will Ewigkeit« – niemals vergehen.

Das für die Klimaethik wichtigste Projekt dieser Art ist die dauerhafte Respektierung der Menschenrechte. Die Menschenrechte haben keinen Zeitindex. So fragil sie auch immer als Errungenschaft eines langwierigen historischen und noch längst nicht abgeschlossenen Humanisierungsprozesses sein mögen, sie erheben einen zeitübergreifenden Geltungsanspruch. Wer sie für die Gegenwart schätzt, wird ihnen dauerhafte Geltung wünschen.

Ein weiteres indirektes Motiv, das als tragfähige Grundlage für die Wahrnehmung von Klimaverantwortung in Gegenwart und Zukunft gelten kann, ist das menschliche Bedürfnis nach übergreifenden Zielen, die über die eigene Person, den eigenen Lebensumkreis und die eigene Lebenszeit hinausreichen. Für dieses Bedürfnis bieten sich in einer säkularisierten und weltweit vernetzten Welt globale Zukunftsziele förmlich an. Ernest Partridge hat derartige Motive als Motive der »Selbsttranszendierung« bezeichnet.[134] Man kann sie auch Motive der *Sinnstiftung* nennen. Vorsorge für die globale Zukunft kommt diesen Motiven in besonderer Weise entgegen, da sich das Individuum durch ein Engagement für die Zukunft in seinem Selbstwert bestätigt und in seinem Eingebettetsein in einen übergreifenden Sinnzusammenhang geborgen fühlen kann. Es sieht sich als Glied in einer generationellen Kette, die von einem generationenübergreifenden Gemeinschaftsgefühl zusammengehalten wird, zu dem Dankbarkeit in rückwärtiger Richtung ebenso gehört wie die Anerkennung von Vorsorgeverpflichtungen in zukünftiger Richtung. Dieses Motiv kann insbesondere dann stark werden, wenn es durch Gemeinschaftsbindungen mit Gleichgesinnten gestützt wird. Ein nicht unwichtiger Faktor ist auch, dass ein moralisches Engagement für eine prinzipiell erfahrungstranszendente Zukunft – hierin dem religiösen Engagement für einen transzendenten Gott ähnlich – unenttäuschbar ist.

Selbstbindung durch/von Institutionen

Auch die Selbstbindung durch zukunftssichernde Institutionen stellt eine Form der Verlagerung der moralischen Bürde der Zukunftsvorsorge auf indirekte Motivationen dar. *Selbstbindung* lässt sich verstehen als eine längerfristige Ersetzung von direkten durch indirekte Motivationen, die sich immer dann empfiehlt, wenn direkte Motivationen nicht zuverlässig genug sind, um anerkannte Verpflichtungen pünktlich wahrzunehmen.[135] Wer einen langfristigen Vertrag abschließt, etwa über eine Lebensversicherung oder eine Dauerspende, macht es sich leichter, der einmal anerkannten Verpflichtung treu zu bleiben, und macht es sich schwerer, der Versuchung zu Abweichungen von der eingegangenen Verpflichtung nachzugeben. Er begrenzt seine zukünftigen Entscheidungs- und Handlungsspielräume durch verbindliche Rahmenvorgaben und ersetzt die direkte Motivation nach langfristiger Vorsorge oder Wohltätigkeit durch die indirekte Motivation, sich die unerwünschten Kurzfristfolgen von Vertragsverletzungen und Aufkündigungen von Absprachen vom Hals zu halten. Wer weiß, dass er dazu neigt, im Sinne von Oscar Wildes Diktum »I resist everything except temptation« opportunistischen Augenblicksmotivationen nachzugeben, gleichzeitig aber weiß, dass er damit seine langfristigen Ziele infrage stellt, tut im Allgemeinen gut daran, seine Entscheidungsoptionen so zu strukturieren, dass sich opportunistische Motive in der langfristig »richtigen« Richtung auswirken und seine übergreifenden Ziele eher befördern als konterkarieren.

Hinsichtlich der Modalitäten der Selbstbindung unterscheidet man gemeinhin zwischen *interner* und *externer* Selbstbindung. Interne Selbstbindung heißt, sich Prinzipien und Verhaltensmaximen zu eigen zu machen, aufgrund derer opportunistische Abweichungen mit inneren Sanktionen wie Schuld- und Schamgefühlen belegt sind. Versuchungen nachzugeben mag einen Augenblick lang lustvoll sein; aber selbst ein gerissener Egoist muss das ihn bei Prinzipienlosigkeit erwartende Nachspiel von Schuld- oder Schamgefühlen in Rechnung stellen. Externe Selbstbindung heißt, sich wie Odysseus bei den Sirenen einer äußeren Instanz zur Beschränkung der eigenen Optionen zu bedienen und der mangelnden Selbstdisziplin durch äußere Sanktionen nachzuhelfen. Die Einsetzung der jeweiligen Außeninstanz zur Verhinderung eigenen Fehlverhaltens lässt sich dabei als eine Art *Selbstpaternalismus* auffassen: Eine fremde Instanz wird beauftragt, die eigene Handlungsfreiheit im Dienst der eigenen wohlverstandenen Interessen zu beschneiden.

Eine Delegation der Verhaltenssteuerung an eine äußere Instanz ist angesichts der Bestechlichkeit des Gewissens im Allgemeinen effektiver als eine Delegation an eine innere Instanz. Das Gewissen ist zu leicht denselben Versuchungen ausgesetzt, vor denen es schützen soll. Wenn es darum geht, die Umsetzung opportunistischer Augenblicksmotivationen zu verhindern oder zu erschweren, sind äußere Instanzen wie sanktionsbewehrte gesetzliche Verbote im Allgemeinen verlässlicher. Am offenkundigsten müssen gesetzliche Verbote denjenigen erwünscht sein, die ihren direkten Motivationen am wenigsten vertrauen, etwa Süchtigen, die von ihrer Sucht loskommen wollen. Spielsüchtige finden sich deshalb unter den nachdrücklichsten Befürwortern internationaler Spielverbote für Dauerkunden von Spielcasinos.

Die Unterscheidung zwischen interner und externer Selbstbindung lässt sich auf der Ebene des Individuums wie auf der Ebene der Gesellschaft und des Staates anwenden. Interne Selbstbindung auf der Ebene der Gesellschaft heißt, dass die Gesellschaft Verbindlichkeiten in Kraft setzt, die sie selbst daran hindern, opportunistischen Versuchungen nachzugeben. Diese Funktion erfüllt eine große Zahl von Beratungsgremien: Räte, Kommissionen und Expertenrunden. Die Politik behält sich zugleich die Freiheit vor, den Empfehlungen und Monita der von ihr selbst eingesetzten Institutionen zuwiderzuhandeln. Auch wenn sie einige dieser Institutionen unter anderem zu dem Zweck eingesetzt hat, als kollektives »zukunftsethisches Gewissen« zu fungieren, das nicht in derselben Weise wie die Politik dem Druck von Lobbyismus, Parteipolitik und Wahlkampf ausgesetzt ist, behält sie sich doch in der Regel vor, gegebenenfalls auch gegen das Urteil dieses »Gewissens« zu handeln. Natürlich könnte man daran denken, bestimmte Beratungsgremien zugleich mit exekutiven oder legislativen Vollmachten auszustatten. Aber dies wäre nur schwer mit dem Demokratieprinzip vereinbar, nach dem alle Gewalt vom Volke ausgeht und es Räten und anderen Expertengremien nicht gestattet sein sollte, die Aufgaben der gewählten Volksvertreter zu übernehmen.

Da die Wahrnehmung von Langzeitverantwortung diffizile prognostische Abschätzungen zur Grundlage haben muss, ist eine Politikberatung auf diesem Gebiet nicht ohne maßgebliche Beteiligung der Wissenschaften denkbar. Andererseits ist wissenschaftlicher Sachverstand keine hinreichende Bedingung für eine kompetente Beratung über Chancen und Risiken. Bereits der Begriff »Risiko« enthält eine wertende Komponente (die Möglichkeit eines *Scha-*

dens, also einer *Werteinbuße*), und auch eine bloße Warnung vor Zukunftsrisiken bedarf eines Wertfundaments. Politikberatung lässt sich schwer ohne moralische und politische Anteile denken, etwa als eine Form advokatorischer Interessenvertretung der Zukünftigen oder als ein kontinuierliches Monitoring der staatlichen Politik auf ihre Verträglichkeit mit weithin akzeptierten Grundsätzen der Langzeitverantwortung.

Für die Klimaethik ist insbesondere der Weltklimarat IPCC (Intergovernmental Panel on Climate Change) von maßgeblicher Bedeutung. Allerdings zeigt die Erfahrung, dass der Weg von der wissenschaftlichen Warnung vor Zukunftsrisiken zu einer entsprechenden zukunftsorientierten Politik lang und beschwerlich ist. Zwischen den Warnungen einzelner Experten und einer diesen Warnungen entsprechenden Neuorientierung der staatlichen Politik können gut und gern zwei bis drei Jahrzehnte vergehen. Zum Teil haben diese Verzögerungen ein rationales Fundament, da nicht jede Warnung gut begründet und jedes Katastrophenszenario realistisch ist. Zum Teil gehen sie aber auch schlicht auf die Unfähigkeit der Politik zurück, sich neuen Herausforderungen zu stellen, sowie auf die Scheu, dem Volk unangenehme Wahrheiten zuzumuten – auch wenn die meisten seit längerem bekannt sind; sie werden offenbar gern verdrängt.

In Deutschland trifft die Verfassung bereits in ihrer gegenwärtigen Form eine Reihe von Vorkehrungen gegen eine übermäßige Abhängigkeit der langfristigen politischen Planung von tagespolitischen Auseinandersetzungen und einer möglichen »Zukunftsvergessenheit« der Bürger. Beispiele aus dem Bereich der Zukunftsvorsorge sind die rechtlichen Vorgaben des neuen Verfassungsartikels 20a GG, der die Zukunftsvorsorge ausdrücklich zur staatlichen Aufgabe macht[136], und die »Schuldenbremse« in Art. 109, 3. Die zweifellos wichtigste verfassungsrechtliche Sicherung ist aber die Institution der indirekten Demokratie, nach der die Mitglieder der gesetzgebenden Organe kein imperatives Mandat haben, sondern nur ihrem Gewissen und der Parteidisziplin verpflichtet sind. Indem die Kontrolle der Exekutive nicht unmittelbar bei den Wählern, sondern bei gewählten Repräsentanten liegt, besteht die prinzipielle Möglichkeit, einen etwaigen Druck der Basis in Richtung auf eine stärkere Gegenwartsorientierung abzufangen oder zumindest zu mildern und langfristigen Sicherungs- und Entwicklungsaufgaben die ihnen zukommende Priorität zukommen zu lassen.

Anmerkungen

1 Nietzsche, Friedrich 1980: Sämtliche Werke. Kritische Studienausgabe, Bd. 4. München/Berlin, 77.
2 Sinn, Hans-Werner 2012: Das grüne Paradoxon. Berlin, 427.
3 So z. B. Gesang, Bernward 2011: Klimaethik. Berlin, 57.
4 Roser, Dominic / Christian Seidel 2013: Ethik des Klimawandels. Eine Einführung. Darmstadt, 83.
5 Cobb, John B. 1972: Der Preis des Fortschritts. Umweltschutz als Problem der Sozialethik. München.
6 Vgl. Sinn 2012, 41.
7 Vgl. Broome, John 2012: Climate matters. Ethics in a warming world. New York / London, 27.
8 Vgl. ebenda, 49.
9 Vgl. Galvin, Richard / John R. Harris 2014: Individual moral responsibility and the problem of climate change. In: Analyse & Kritik 36, 383.
10 Vgl. IPCC 2014: Climate change 2013. Impacts, adaptation and vulnerability. Cambridge, 67.
11 Vgl. Gesang 2011, 43.
12 Nordhaus, William D. 2013: The Climate Casino: Risk, uncertainty, and economics for a warming world. New Haven CT, 141.
13 Vgl. Broome 2012, 130.
14 Vgl. ebenda, 20.
15 Vgl. Jamieson, Dale 2014: Reason in a dark time. Why the struggle against climate change failed – and what it means for our future. Oxford, 163.
16 Vgl. Broome 2012, 72.
17 Vgl. Sinn 2012, 57.
18 Vgl. Shue, Henry 2014: Climate justice. Vulnerability and protection. Oxford, 232.
19 Vgl. Sinn 2012, 351.
20 Vgl. Stelzer, Harald 2015: Climate Engineering: Argumente des kleineren Übels. In: Angela Kallhoff (Hrsg.): Klimagerechtigkeit und Klimaethik. Berlin/Boston, 199–220.
21 Vgl. Gardiner, Stephen M. 2015: Geo-Engineering und moralische

Schizophrenie. Was ist die Frage? In: Angela Kallhoff (Hrsg.): Klimagerechtigkeit und Klimaethik. Berlin/Boston, 229.

22 Vgl. Baatz, Christian / Konrad Ott 2015: Klimaethik: Mitigation, Adaption und Climate Engineering. In: Angela Kallhoff (Hrsg.): Klimagerechtigkeit und Klimaethik. Berlin/Boston, 192.

23 Roser/Seidel 2013, 40.

24 Vgl. Lomborg, Bjørn 2002: Apocalypse No! Wie sich die menschlichen Lebensgrundlagen wirklich entwickeln. Lüneburg, 373.

25 Ramesh, Jairam 2015: Eine sehr romantische Vorstellung. In: Die Zeit, 18. 06. 2015, 7.

26 Vgl. Sinn 2012, 408.

27 Vgl. Baatz/Ott 2015, 185.

28 Vgl. Sinn 2012, 520.

29 Vgl. IPCC 2007: Climate change 2007. The physical science basis. Cambridge, 15.

30 Die Unterscheidung zwischen idealer und nichtidealer Ebene geht auf Rawls zurück (vgl. Rawls, John [1975]: Eine Theorie der Gerechtigkeit. Frankfurt a. M., 25). In der neueren Diskussion ist die nichtideale Ebene allerdings unterschiedlich interpretiert worden, teilweise so, dass sie mit der strategisch-politischen zusammenfällt (vgl. Bell, Derek 2013: How should we think about climate justice? In: Environmental Ethics 35, 191).

31 Vgl. Jamieson, Dale 2012: Ethics, public policy, and global warming. In: Stephen M. Gardiner / Simon Caney / Dale Jamieson / Henry Shue (Hrsg.): Climate ethics: Essential readings. Oxford, 84.

32 Vgl. Posner, Eric A. / David Weisbach 2011: Climate change justice. Princeton NJ 2011, 6.

33 Dass die Autoren diese Position nicht so radikal vertreten, wie es zunächst scheint, zeigt sich unter anderem darin, dass sie von »redistributiven Zielen« sprechen, die einige Länder durch einen großzügigen Klimavertrag besser verwirklicht sehen könnten als durch Barüberweisungen und andere Formen von Entwicklungshilfe. Sie bezweifeln allerdings, dass diese Möglichkeit in einem eventuellen internationalen Vertrag zur Emissionsbegrenzung mehr als eine Nebenrolle spielen könnte (vgl. ebenda, 97).

34 Vgl. Singer, Peter 2002: One world. The ethics of globalization. 2. Aufl. New Haven CT / London, 35 ff.; Ott, Konrad 2011: Do-

mains of climate ethics. Jahrbuch für Wissenschaft und Ethik 16, 103 ff.
35 Vgl. Sinn 2012, 113.
36 Vgl. Lumer, Christoph 2002: The Greenhouse. A welfare assessment and some morals. Lanham MD, 85.
37 Hare, Richard M. 1992: Moralisches Denken. Seine Ebenen, seine Methoden, sein Witz. Frankfurt a. M., 91.
38 Birnbacher, Dieter 1988: Verantwortung für zukünftige Generationen. Stuttgart, 16 ff.
39 Vgl. Mill, John Stuart 2006: Utilitarianism / Der Utilitarismus (1861). Stuttgart, 124 ff.
40 Schopenhauer, Arthur 1988: Aphorismen zur Lebensweisheit (1851). In: ders.: Sämtliche Werke, Bd. 5, hrsg. von Arthur Hübscher. Mannheim, 367.
41 Nordhaus, William D. 1994: Managing the global commons. The economics of climate change. Cambridge MA / London; Nordhaus 2013.
42 Nordhaus, William D. / Joseph Boyer 2000: Warming the world: Economic models of global warming. Cambridge MA / London.
43 Gesang 2011.
44 Stern, Nicholas 2006: The economics of climate change: The Stern Review. Cambridge.
45 Vgl. Nordhaus 1994, 8.
46 Parfit, Derek 1997: Equality and priority. In: Ratio 10, 213 ff.
47 Vgl. Rescher, Nicholas 1966: Distributive justice. A constructive critique of the utilitarian theory of distribution. Indianapolis / New York.
48 Vgl. Rawls 1975; Hinsch, Wilfried 2002: Gerechtfertigte Ungleichheiten – Grundsätze sozialer Gerechtigkeit. Berlin / New York, 117 ff.
49 Vgl. Lumer 2002, 67 ff.; Meyer, Lukas / Dominic Roser 2006: Distributive justice and climate change. The allocation of emission rights. In: Analyse und Kritik 28, 236; Baer, Paul et al. 2008: The Greenhouse Development Rights Framework: The right to development in a climate constrained world. 2. Aufl. Berlin.
50 Vgl. Smart, R. Ninian 1958: Negative utilitarianism. In: Mind 67, 542 f.; Tranöy, Knut Erik 1967: Asymmetries in ethics. In: Inquiry 10, 351–372.

51 Vgl. Walzer, Michael 1992: Sphären der Gerechtigkeit. Ein Plädoyer für Pluralität und Gleichheit. Frankfurt a. M. / New York.
52 Vgl. Bayertz, Kurt 1998: Begriff und Problem der Solidarität. In: ders. (Hrsg.): Solidarität. Begriff und Problem. Frankfurt a. M., 15 ff.
53 Vgl. Gethmann, Carl Friedrich / Jürgen Mittelstraß (Hrsg.) 2008: Langzeitverantwortung. Ethik – Technik – Ökologie. Darmstadt.
54 Kant, Immanuel 1902: Werke, Akademie-Ausgabe, Bd. 8. Berlin, 27.
55 Vgl. Ainslie, George / Nick Haslam 1992: Hyperbolic Discounting. In: Jon Elster / George Loewenstein (Hrsg.): Choice over time. Dordrecht, 57–92.
56 Vattel, Emer de 1959: Le droit des gens ou Principes de la loi naturelle (1793). Dt. Übersetzung von Wilhelm Euler. Tübingen, 184.
57 Ebenda, 187.
58 Vgl. Singer 2002, 155 ff.
59 Godwin, William 1971: Enquiry concerning political justice (1793), hrsg. von K. Codell Carter. Oxford, 70.
60 Vattel 1959, 184.
61 Scheffler, Samuel 2001: Individual responsibility in a global age (1995). In: ders.: Boundaries and allegiances. Problems of justice and responsibility in liberal thought. Oxford, 46.
62 Vgl. Schlothfeldt, Stephan 2009: Individuelle oder gemeinsame Verpflichtung? Das Problem der Zuständigkeit bei der Behebung gravierender Übel. Paderborn, 54 ff.
63 Vgl. Roser, Dominic 2015: Climate justice in the straitjacket of feasibility. In: Dieter Birnbacher / May Thorseth (Hrsg.): The politics of sustainability. Philosophical perspectives. Abingdon, 71 ff.
64 Skidelsky, Robert / Edward Skidelsky 2013: Wie viel ist genug? Vom Wachstumswahn zu einer Ökonomie des guten Lebens. München, 180.
65 Vgl. Schmitt, Carl 1963: Der Begriff des Politischen (1932). Berlin, 26.
66 Vgl. Hegel, Georg Wilhelm Friedrich 1955: Grundlinien der Philosophie des Rechts. 4. Aufl. Hamburg, 142 ff.; Bradley, Francis Herbert 1896: My station and its duties. In: ders.: Ethical studies. Oxford, 160–213.
67 Vgl. Bruce, James P. / Hoesung Lee / Erik F. Haites (Hrsg.) 1992:

Climate Change. Economic and social dimensions of climate change. Cambridge.

68 Spinoza, Benedictus de 1977: Die Ethik (1677). Stuttgart, 579.

69 Vgl. Lind, Robert C. 1990: Reassessing the Government's discount rate policy in the light of new theory and data in a world economy with a high degree of capital mobility. In: Journal of Environmental Economics and Management 18, 8–28.

70 Vgl. Solow, Robert M. 1974: The economics of resources or the resources of economics. In: American Economic Review, Papers and Proceedings 64, 10.

71 Hampicke, Ulrich 1992: Neoklassik und Zeitpräferenz – der Diskontierungsnebel. In: Frank Beckenbach (Hrsg.): Die ökologische Herausforderung für die ökonomische Theorie. Marburg, 127–141.

72 Vgl. Hare 1992, 159 ff.

73 Pigou, Arthur C. 1932: The economics of welfare. 4. Aufl. London, 25.

74 Vgl. Sen, Amartya K. 1982: Approaches to the choice of discount rates for social benefit-cost analysis. In: Robert C. Lind et al. (Hrsg.): Discounting for time and risk in energy policy. Washington D. C., 325–353; Spash, Clive L. 1993: Economics, ethics, and long-term environmental damages. Environmental Ethics 15, 117–132.

75 Dworkin, Ronald 1984: Bürgerrechte ernst genommen. Frankfurt a. M., 14.

76 Vgl. Meyer, Lukas / Dominic Roser 2011: The timing of benefits of climate policies. Reconsidering the Opportunity Cost Argument. In: Jahrbuch für Wissenschaft und Ethik 16, 202 ff.

77 Vgl. Broome, John 1994: Discounting the future. Philosophy and Public Affairs 23, 149.

78 Vgl. Shue, Henry 2014: Climate justice. Vulnerability and protection. Oxford, 166.

79 Goodin, Robert E. 1988: What is so special about our fellow countrymen? In: Ethics 98, 663–686.

80 Vgl. Shue 2014, 13.

81 Kamlah, Wilhelm 1973: Philosophische Anthropologie. Sprachliche Grundlegung und Ethik. Mannheim, 105.

82 Nozick, Robert 1976: Anarchie, Staat, Utopia. München, 39.

83 Hofmann, Hasso 1981: Rechtsfragen der atomaren Entsorgung. Stuttgart, 270, 273.

84 Ebenda, 283.
85 Vgl. Caney, Simon 2010a: Climate change, human rights, and moral thresholds. In: Stephen M. Gardiner / Simon Caney / Dale Jamieson / Henry Shue (Hrsg.): Climate ethics: Essential readings. Oxford, 166.
86 Vgl. Broome 2012, 33.
87 Elster, Jon 1992: Local justice. How institutions allocate resources and necessary burdens. Cambridge.
88 Vgl. Perelman, Chaim 1967: Über die Gerechtigkeit. München; Rescher 1966.
89 Vgl. Mackie, John L. 1985: Morality and the retributive emotions. In: ders.: Persons and Values (Selected Papers, 2). Oxford, 206–219.
90 Vgl. Goodin 1988.
91 Vgl. Bayertz 1998, 16 f.
92 Mill 2006, 95.
93 Vgl. Roser/Seidel 2013, 106.
94 So etwa Neumayer, Eric 2000: In defence of historical accountability for greenhouse gas emissions. In: Ecological Economics 33, 189.
95 Caney, Simon 2010b: Climate change and the duties of the advantaged. In: Critical Review of International Social and Political Philosophy 13, 210, 215.
96 So macht der winterliche Regen zunehmend den Bau von Iglus unmöglich. Stürme erschweren die Jagdzüge übers Eis. Eisbären bedrohen menschliche Siedlungen, da sie Schwierigkeiten haben, Beute zu finden (vgl. Broome 2012, 3).
97 Vgl. Caney 2010b, 210 f.
98 Dieserart Klauseln finden sich bereits bei dem ansonsten internationale Hilfeleistungen nachdrücklich fordernden Naturrechtstheoretiker Emer de Vattel: »In der Tat kann eine Nation in allen Dingen, mit denen sie selbst fertig werden kann, von den anderen keine Hilfe beanspruchen« (Vattel 1959, 185).
99 United Nations (1992): United Nations Framework Convention on Climate Change. New York.
100 Vgl. Toft, Kristian Høyer 2013: The Human Rights approach to climate change: an overview. In: Environmental Ethics 35, 209–226.
101 Zit. nach Bell, Derek 2011: Does anthropogenic climate change

violate human rights? In: Critical Review of International Social and Political Philosophy 14, 101.
102 Baer 2008.
103 Vgl. Jamieson, Dale / Marcello Di Paola 2015: Klimawandel und globale Gerechtigkeit: Neues Problem, altes Paradigma? In: Angela Kallhoff (Hrsg.): Klimagerechtigkeit und Klimaethik. Berlin/Boston, 30.
104 Vgl. Baer 2008, 18.
105 Broome 2012, 36.
106 Sinnott-Armstrong, Walter 2005: It's not my fault: Global Warming and individual moral obligations. In: Walter Sinnott-Armstrong / Richard B. Howarth (Hrsg.): Perspectives on Climate Change: Science, economics, politics, ethics. Amsterdam, 288.
107 Vogt, Markus 2012: Klimaschutz im Gestrüpp der Interessen. Philosophische und theologische Perspektiven. In: Felix Ekardt (Hrsg.): Klimagerechtigkeit. Ethische, rechtliche, ökonomische und transdisziplinäre Zugänge. Marburg, 77.
108 Vgl. Sinn 2012, 384.
109 Vgl. Giddens, Anthony 2009: The politics of climate change. Cambridge, 121.
110 Vgl. The Guardian, 30. 01. 2012.
111 Vgl. Kagan, Shelley 2000: Do I make a difference? In: Philosophy & Public Affairs 39, 129.
112 Vgl. Kutz, Christopher 2000: Complicity. Ethics and law for a collective age. Cambridge, 257.
113 Giddens 2009, 2.
114 Brunnengräber, Achim 2014: Eine Weltbürgerbewegung ohne Realitätsbezug. Zum WBGU-Sondergutachten Klimaschutz als Weltbürgerbewegung. In: GAIA 23, 307.
115 Vgl. aber Care, Norman S. 1982: Future generations, public policy, and the motivation problem. In: Environmental Ethics 4, 195–213; Baumgartner, Christoph 2005: Umweltethik – Umwelthandeln. Ein Beitrag zur Lösung des Motivationsproblems. Paderborn.
116 Vgl. Williams, Bernard 1984: Moralischer Zufall. Philosophische Aufsätze 1973–1980. Königstein, 112 ff.
117 Vgl. Prichard, Harold A. 1912: Does moral philosophy rest on a mistake? In: Mind 1, 21–37.

118 Vgl. Jonas, Hans 1979: Das Prinzip Verantwortung. Versuch einer Ethik für die technologische Zivilisation. Frankfurt a. M., 186.

119 Vgl. Jamieson, Dale 2012: Ethics, public policy, and global warming. In: Stephen M. Gardiner / Simon Caney / Dale Jamieson / Henry Shue (Hrsg.): Climate ethics: Essential readings. Oxford, 80 ff.

120 Fiktiv antizipiert wird eine solche Lösung etwa in Ian McEwans satirischem Roman *Solar* (2010).

121 Vgl. für den Fall des Umweltschutzes Evans, Gary W. / Stephen V. Jacobs 1981: Air pollution and human behavior. In: Journal of Social Issues 37, 116 f.

122 Vgl. Calabresi, Guido / Philip Bobbitt 1978: Tragic choices. New York.

123 Vgl. Giddens 2009, 113.

124 Vgl. Unger, Peter 1996: Living high and letting die. Our illusion of innocence. New York, 73.

125 Vgl. Leist, Anton 2015: Schadenverursachen und Kooperation beim Klimawandel – zwei Weisen, auf das Ende zu sehen. In: Angela Kallhoff (Hrsg.): Klimagerechtigkeit und Klimaethik. Berlin/Boston, 126.

126 Weber, Elke U. 2006: Experience-based and description-based perceptions of long-term risk. Why global warming does not scare us (yet). In: Climatic Change 77, 103.

127 Vgl. Zwick, Michael M. 2001: Der globale Klimawandel in der Wahrnehmung der Öffentlichkeit. In: GAIA 10, 302.

128 Vgl. Leiserowitz, Anthony 2006: Climate change risk perception and policy preferences: The role of affect, imagery, and values. In: Climatic Change 77, 56; Stoll-Kleemann, Susanne et al. 2001: The psychology of denial concerning climate mitigation measures: Evidence from Swiss focus groups. In: Global Environmental Change 11, 111.

129 Vgl. O'Connor, Robert E. et al. 1999: Risk perceptions, general environmental beliefs, and willingness to address climate change. In: Risk Analysis 19, 464 ff.

130 Vgl. Grothmann, Torsten / Anthony Patt 2005: Adaptive capacity and human cognition. The process of individual adaptation to climate change. In: Global Environmental Change 15, 208.

131 Birnbacher, Dieter 2003: Analytische Einführung in die Ethik. Berlin / New York, 281 ff.
132 Vgl. Passmore, John 1980: Man's responsibility for nature. Ecological problems and Western traditions. 2. Aufl. London, 88 f.
133 Ebenda, 88. Dieses Motiv ist zuerst von Visser't Hooft entwickelt und unabhängig davon von Scheffler wieder aufgenommen worden. Scheffler spricht vom »konservativen Aspekt der Wertschätzung«. Vgl. Visser't Hooft, Hendrik Philip 1999: Justice to future generations and the environment. Dordrecht, 12; vgl. Scheffler, Samuel 2015: Der Tod und das Leben danach. Berlin, 78 ff.
134 Partridge, Ernest 1980: Why care about the future? In: ders. (Hrsg.): Responsibilities to future generations. Buffalo NY, 204.
135 Vgl. Heidbrink, Ludger / Johannes Reidel 2011: Nachhaltiger Konsum durch politische Selbstbindung. In: GAIA 20, 152–156.
136 Zu möglichen Erweiterungen vgl. Tremmel, Jörg et al. 1999: Die Verankerung von Generationsgerechtigkeit im Grundgesetz – Vorschlag für einen erneuerten Artikel 20a GG. In: Zeitschrift für Rechtspolitik 32, 431–438.

Literaturhinweise

In den Text sind eine Reihe von eigenständigen Vorarbeiten des Autors eingegangen, insbesondere die drei folgenden:

»Läßt sich die Diskontierung der Zukunft rechtfertigen?« In: Dieter Birnbacher / Gerd Brudermüller (Hrsg.): Zukunftsverantwortung und Generationensolidarität. Würzburg 2001, 117–136.
»Langzeitverantwortung – das Problem der Motivation«. In: Carl Friedrich Gethmann / Jürgen Mittelstraß (Hrsg.): Langzeitverantwortung. Ethik – Technik – Ökologie. Darmstadt 2008, 23–39.
»Klimagerechtigkeit – Verursacher- oder Leistungsfähigkeitsprinzip?« In: Angela Kallhoff (Hrsg.): Klimagerechtigkeit und Klimaethik. Berlin/Boston 2015, 67–80.

Ainslie, George / Nick Haslam 1992: Hyperbolic Discounting. In: Jon Elster / George Loewenstein (Hrsg.): Choice over time. Dordrecht, 57–92.

Baatz, Christian / Konrad Ott 2015: Klimaethik: Mitigation, Adaption und Climate Engineering. In: Angela Kallhoff (Hrsg.): Klimagerechtigkeit und Klimaethik. Berlin/Boston, 181–196.

Baer, Paul et al. 2008: The Greenhouse Development Rights Framework: The right to development in a climate constrained world. 2. Aufl. Berlin.

Baumgartner, Christoph 2005: Umweltethik – Umwelthandeln. Ein Beitrag zur Lösung des Motivationsproblems. Paderborn.

Bayertz, Kurt 1998: Begriff und Problem der Solidarität. In: ders. (Hrsg.): Solidarität. Begriff und Problem. Frankfurt am Main, 11–53.

Bell, Derek 2011: Does anthropogenic climate change violate human rights? In: Critical Review of International Social and Political Philosophy 14, 99–124.

Bell, Derek 2013: How should we think about climate justice? In: Environmental Ethics 35, 189–208.

Birnbacher, Dieter 1988: Verantwortung für zukünftige Generationen. Stuttgart.

Birnbacher, Dieter 2003: Analytische Einführung in die Ethik. Berlin / New York.

Bradley, Francis Herbert 1896: My station and its duties. In: ders.: Ethical studies. Oxford, 160–213.

Broome, John 1994: Discounting the future. In: Philosophy and Public Affairs 23, 128–156.

Broome, John 2012: Climate matters. Ethics in a warming world. New York / London.

Bruce, James P. / Hoesung Lee / Erik F. Haites (Hrsg.) 1992: Climate Change. Economic and social dimensions of climate change. Cambridge.

Brunnengräber, Achim 2014: Eine Weltbürgerbewegung ohne Realitätsbezug. Zum WBGU-Sondergutachten Klimaschutz als Weltbürgerbewegung. In: GAIA 23, 306–308.

Calabresi, Guido / Philip Bobbitt 1978: Tragic choices. New York.

Caney, Simon 2010a: Climate change, human rights, and moral thresholds. In: Stephen M. Gardiner / Simon Caney / Dale Jamieson / Henry Shue (Hrsg.): Climate ethics: Essential readings. Oxford, 163–177.

Caney, Simon 2010b: Climate change and the duties of the advantaged. In: Critical Review of International Social and Political Philosophy 13, 203–228.

Care, Norman S. 1982: Future generations, public policy, and the motivation problem. In: Environmental Ethics 4, 195–213.

Cobb, John B. 1972: Der Preis des Fortschritts. Umweltschutz als Problem der Sozialethik. München.

Dworkin, Ronald 1984: Bürgerrechte ernst genommen. Frankfurt am Main.

Ekardt, Felix 2012: Klimagerechtigkeit: Neue universalistische Diskursethik, neue Freiheitstheorie, neue Abwägungstheorie. In: ders. (Hrsg.): Klimagerechtigkeit. Ethische, rechtliche, ökonomische und transdisziplinäre Zugänge. Marburg, 157–204.

Elster, Jon 1992: Local justice. How institutions allocate resources and necessary burdens. Cambridge.

Evans, Gary W. / Stephen V. Jacobs 1981: Air pollution and human behavior. In: Journal of Social Issues 37, 95–125.

Galvin, Richard / John R. Harris 2014: Individual moral responsibility and the problem of climate change. In: Analyse & Kritik 36, 383–396.

Gardiner, Stephen M. 2015: Geo-Engineering und moralische Schizophrenie. Was ist die Frage? In: Angela Kallhoff (Hrsg.): Klimagerechtigkeit und Klimaethik. Berlin/Boston, 221–255.

Gesang, Bernward 2011: Klimaethik. Berlin.

Gethmann, Carl Friedrich / Jürgen Mittelstraß (Hrsg.) 2008: Langzeitverantwortung. Ethik – Technik – Ökologie. Darmstadt.

Giddens, Anthony 2009: The politics of climate change. Cambridge.

Godwin, William 1971: Enquiry concerning political justice (1793), hrsg. von K. Codell Carter. Oxford.

Goodin, Robert E. 1988: What is so special about our fellow countrymen? In: Ethics 98, 663–686.

Grothmann, Torsten / Anthony Patt 2005: Adaptive capacity and human cognition. The process of individual adaptation to climate change. In: Global Environmental Change 15, 199–213.

Hampicke, Ulrich 1992: Neoklassik und Zeitpräferenz – der Diskontierungsnebel. In: Frank Beckenbach (Hrsg.): Die ökologische Herausforderung für die ökonomische Theorie. Marburg, 127–141.

Hare, Richard M. 1992: Moralisches Denken. Seine Ebenen, seine Methoden, sein Witz. Frankfurt am Main.

Hegel, Georg Wilhelm Friedrich 1955: Grundlinien der Philosophie des Rechts. 4. Aufl. Hamburg.

Heidbrink, Ludger / Johannes Reidel 2011: Nachhaltiger Konsum durch politische Selbstbindung. In: GAIA 20, 152–156.

Hinsch, Wilfried 2002: Gerechtfertigte Ungleichheiten – Grundsätze sozialer Gerechtigkeit. Berlin / New York.

Hofmann, Hasso 1981: Rechtsfragen der atomaren Entsorgung. Stuttgart.

IPCC 2007: Climate change 2007. The physical science basis. Cambridge.

IPCC 2014: Climate change 2013. Impacts, adaptation and vulnerability. Cambridge.

Jamieson, Dale 2012: Ethics, public policy, and global warming. In: Stephen M. Gardiner / Simon Caney / Dale Jamieson / Henry Shue (Hrsg.): Climate ethics: Essential readings. Oxford, 71–86.

Jamieson, Dale 2014: Reason in a dark time. Why the struggle against climate change failed – and what it means for our future. Oxford.

Jamieson, Dale / Marcello Di Paola 2015: Klimawandel und globale Gerechtigkeit: Neues Problem, altes Paradigma? In: Angela Kallhoff (Hrsg.): Klimagerechtigkeit und Klimaethik. Berlin/Boston, 23–38.

Jonas, Hans 1979: Das Prinzip Verantwortung. Versuch einer Ethik für die technologische Zivilisation. Frankfurt am Main.

Kagan, Shelley 2000: Do I make a difference? In: Philosophy & Public Affairs 39, 105–141.

Kamlah, Wilhelm 1973: Philosophische Anthropologie. Sprachliche Grundlegung und Ethik. Mannheim.

Kant, Immanuel 1902: Werke, Akademie-Ausgabe, Bd. 8. Berlin.

Kutz, Christopher 2000: Complicity. Ethics and law for a collective age. Cambridge.

Leiserowitz, Anthony 2006: Climate change risk perception and policy preferences: The role of affect, imagery, and values. In: Climatic Change 77, 45–72.

Leist, Anton 2015: Schadenverursachen und Kooperation beim Klimawandel – zwei Weisen, auf das Ende zu sehen. In: Angela Kallhoff (Hrsg.): Klimagerechtigkeit und Klimaethik. Berlin/Boston, 107–134.

Lind, Robert C. 1990: Reassessing the Government's discount rate policy in the light of new theory and data in a world economy with a high degree of capital mobility. In: Journal of Environmental Economics and Management 18, 8–28.

Lomborg, Bjørn 2002: Apocalypse No! Wie sich die menschlichen Lebensgrundlagen wirklich entwickeln. Lüneburg.

Lumer, Christoph 2002: The Greenhouse. A welfare assessment and some morals. Lanham MD.

Mackie, John L. 1985: Morality and the retributive emotions. In: ders.: Persons and Values (Selected Papers, 2). Oxford, 206–219.

McEwan, Ian 2010: Solar. Zürich.

Meyer, Lukas / Dominic Roser 2006: Distributive justice and climate change. The allocation of emission rights. In: Analyse und Kritik 28, 223–249.

Meyer, Lukas / Dominic Roser 2011: The timing of benefits of climate policies. Reconsidering the Opportunity Cost Argument. In: Jahrbuch für Wissenschaft und Ethik 16, 179–213.

Mill, John Stuart 2006: Utilitarianism / Der Utilitarismus (1861). Stuttgart.

Neumayer, Eric 2000: In defence of historical accountability for greenhouse gas emissions. In: Ecological Economics 33, 185–192.

Nietzsche, Friedrich 1980: Sämtliche Werke. Kritische Studienausgabe, Bd. 4. München/Berlin.

Nordhaus, William D. 1994: Managing the global commons. The economics of climate change. Cambridge MA / London.

Nordhaus, William D. 2013: The Climate Casino: Risk, uncertainty, and economics for a warming world. New Haven CT.

Nordhaus, William D. / Joseph Boyer 2000: Warming the world: Economic models of global warming. Cambridge MA / London.

Nozick, Robert 1976: Anarchie, Staat, Utopia. München.

O'Connor, Robert E. et al. 1999: Risk perceptions, general environmental beliefs, and willingness to address climate change. In: Risk Analysis 19, 461–471.

Ott, Konrad 2011: Domains of climate ethics. In: Jahrbuch für Wissenschaft und Ethik 16, 95–114.

Parfit, Derek 1997: Equality and priority. In: Ratio 10, 202–221.

Partridge, Ernest 1980: Why care about the future? In: ders. (Hrsg.): Responsibilities to future generations. Buffalo NY, 203–220.

Passmore, John 1980: Man's responsibility for nature. Ecological problems and Western traditions. 2. Aufl. London.

Perelman, Chaim 1967: Über die Gerechtigkeit. München.

Pigou, Arthur C. 1932: The economics of welfare. 4. Aufl. London.

Posner, Eric A. / David Weisbach 2011: Climate change justice. Princeton NJ.

Prichard, Harold A. 1912: Does moral philosophy rest on a mistake? In: Mind 1, 21–37.

Ramesh, Jairam 2015: Eine sehr romantische Vorstellung. In: Die Zeit, 18. 06. 2015, 7.

Rawls, John (1975): Eine Theorie der Gerechtigkeit. Frankfurt am Main.

Rescher, Nicholas 1966: Distributive justice. A constructive critique of the utilitarian theory of distribution. Indianapolis / New York.

Roser, Dominic 2015: Climate justice in the straitjacket of feasibility. In: Dieter Birnbacher / May Thorseth (Hrsg.): The politics of sustainability. Philosophical perspectives. Abingdon 71–91.

Roser, Dominic / Christian Seidel 2013: Ethik des Klimawandels. Eine Einführung. Darmstadt.

Scheffler, Samuel 2001: Individual responsibility in a global age (1995). In: ders.: Boundaries and allegiances. Problems of justice and responsibility in liberal thought. Oxford, 32–47.

Scheffler, Samuel 2015: Der Tod und das Leben danach. Berlin.

Schlothfeldt, Stephan 2009: Individuelle oder gemeinsame Verpflichtung? Das Problem der Zuständigkeit bei der Behebung gravierender Übel. Paderborn.

Schmitt, Carl 1963: Der Begriff des Politischen (1932). Berlin.

Schopenhauer, Arthur 1988: Aphorismen zur Lebensweisheit (1851). In: ders.: Sämtliche Werke, Bd. 5, hrsg. von Arthur Hübscher. Mannheim, 331–530.

Sen, Amartya K. 1982: Approaches to the choice of discount rates for social benefit-cost analysis. In: Robert C. Lind et al. (Hrsg.): Discounting for time and risk in energy policy. Washington D.C., 325–353.

Shue, Henry 2014: Climate justice. Vulnerability and protection. Oxford.

Singer, Peter 2002: One world. The ethics of globalization. 2. Aufl. New Haven CT / London.

Sinn, Hans-Werner 2012: Das grüne Paradoxon. Plädoyer für eine illusionsfreie Klimapolitik. Berlin.

Sinnott-Armstrong, Walter 2005: It's not my fault: Global Warming and individual moral obligations. In: Walter Sinnott-Armstrong / Richard B. Howarth (Hrsg.): Perspectives on Climate Change: Science, economics, politics, ethics. Amsterdam, 285–307.

Skidelsky, Robert / Edward Skidelsky 2013: Wie viel ist genug? Vom Wachstumswahn zu einer Ökonomie des guten Lebens. München.

Smart, R. Ninian 1958: Negative utilitarianism. In: Mind 67, 542 f.

Solow, Robert M. 1974: The economics of resources or the resources of economics. In: American Economic Review, Papers and Proceedings 64, 1–14.

Spash, Clive L. 1993: Economics, ethics, and long-term environmental damages. In: Environmental Ethics 15, 117–132.

Spinoza, Benedictus de 1977: Die Ethik (1677). Stuttgart.

Stelzer, Harald 2015: Climate Engineering: Argumente des kleineren Übels. In: Angela Kallhoff (Hrsg.): Klimagerechtigkeit und Klimaethik. Berlin, 199–220.

Stern, Nicholas 2006: The economics of climate change: The Stern Review. Cambridge.

Stoll-Kleemann, Susanne et al. 2001: The psychology of denial concerning climate mitigation measures: Evidence from Swiss focus groups. In: Global Environmental Change 11, 107–117.

Toft, Kristian Høyer 2013: The Human Rights approach to climate change: an overview. In: Environmental Ethics 35, 209–226.

Tranöy, Knut Erik 1967: Asymmetries in ethics. In: Inquiry 10, 351–372.

Tremmel, Jörg et al. 1999: Die Verankerung von Generationsgerechtigkeit im Grundgesetz – Vorschlag für einen erneuerten Artikel 20a GG. In: Zeitschrift für Rechtspolitik 32, 431–438.

Tugendhat, Ernst 1984: Drei Vorlesungen über Probleme der Ethik. In: ders.: Probleme der Ethik. Stuttgart, 57–131.

Unger, Peter 1996: Living high and letting die. Our illusion of innocence. New York.

United Nations (1992): United Nations Framework Convention on Climate Change. New York.

Vattel, Emer de 1959: Le droit des gens ou Principes de la loi naturelle (1793). Dt. Übersetzung von Wilhelm Euler. Tübingen.

Visser't Hooft, Hendrik Philip 1999: Justice to future generations and the environment. Dordrecht.

Vogt, Markus 2012: Klimaschutz im Gestrüpp der Interessen. Philosophische und theologische Perspektiven. In: Felix Ekardt (Hrsg.): Klimagerechtigkeit. Ethische, rechtliche, ökonomische und transdisziplinäre Zugänge. Marburg, 57–81.

Walzer, Michael 1992: Sphären der Gerechtigkeit. Ein Plädoyer für Pluralität und Gleichheit. Frankfurt am Main / New York.

Weber, Elke U. 2006: Experience-based and description-based perceptions of long-term risk. Why global warming does not scare us (yet). In: Climatic Change 77, 103–120.

Williams, Bernard 1984: Moralischer Zufall. Philosophische Aufsätze 1973–1980. Königstein.

Zwick, Michael M. 2001: Der globale Klimawandel in der Wahrnehmung der Öffentlichkeit. In: GAIA 10, 299–303.

Glossar

Chain of love Von dem australischen Philosophen John Passmore 1980 entwickeltes Modell einer »Verkettung« der Vorsorgeleistungen aufeinanderfolgender Generationen für die jeweils nachfolgende Generation.

Complicity Anders als echte Komplizenschaft die Unterstützung einer moralisch problematischen Praxis ohne direkte Einwirkung, zum Beispiel durch Sympathisieren, nachträgliche Billigung oder die Nutzung von Vorteilen.

Dekarbonisierung Verringerung bzw. gänzlicher Verzicht auf die Nutzung von kohlenstoffhaltigen fossilen Brennstoffen wie Kohle, Erdöl und Erdgas und die entsprechende Anpassung der Wirtschaftsweisen.

DICE-Modell Dynamic Integrated model of Climate and the Economy, Zukunftsmodell einer dem Klimawandel angepassten Weltwirtschaft des amerikanischen Energiewirtschaftsexperten William D. Nordhaus.

Diskontierung Wertabschlag auf Geld- oder Nutzenwerte aus Gründen der zeitlichen, räumlichen oder psychologischen Distanz.

Externalismus Theorie, nach der moralische Überzeugungen grundsätzlich nicht hinreichen, um jemanden zu moralischem Handeln zu bewegen.

Feasibility Machbarkeitsbedingung; reale Möglichkeit der Verwirklichung.

Framework Convention on Climate Change Rahmenkonvention der Vereinten Nationen zum Klimawandel, erstellt im Vorfeld der UN-Umweltkonferenz von Rio de Janeiro 1992.

Grandfathering Prinzip des Bestandschutzes, nach dem seit längerem bestehende Rechte durch Rechtsänderungen möglichst wenig eingeschränkt werden.

Internalismus Theorie, nach der moralische Überzeugungen stets auch zu moralischem Handeln motivieren.

International Panel on Climate Change (IPCC) Der 1988 gegründete Weltklimarat der Vereinten Nationen. Er untersucht in seinen Berichten den Klimawandel kontinuierlich und gibt dazu zukunftsbezogene Einschätzungen und politische Empfehlungen ab.

Konsequenzialismus Richtung der Ethik, nach der die moralische Richtigkeit bzw. Falschheit wesentlich oder ausschließlich von den erwarteten oder zu erwartenden Handlungsfolgen abhängt.

Prioritarismus Von der klassischen Form abweichende Variante der utilitaristischen Ethik, bei der Nutzengewinne und -verluste auf niedrigen Nutzenniveaus stärker gewichtet werden als Nutzengewinne und -verluste auf höheren Nutzenniveaus.

Sättigungsentwicklung Wachstumsentwicklung mit im Verlauf abnehmenden Zuwächsen und Annäherung an eine obere (Sättigungs-)Grenze.

Stern Review Dt. Stern-Report; im Auftrag der britischen Regierung 2006 veröffentlichter Bericht einer Kommission zur Untersuchung der wirtschaftlichen Folgen des Klimawandels unter Leitung des Wirtschaftswissenschaftlers Nicholas Stern.

Tragedy of the commons Dt. Tragik der Allmende; durch den Biologen Garrett Hardin bekannt gewordenes Modell der Übernutzung einer Ressource in Gemeinbesitz aufgrund des Strebens der einzelnen Eigner, möglichst viel davon für sich zu nutzen.

UTILEX Von Christoph Lumer entwickelter Kalkül für den Prioritarismus.

Utilitarismus Auf Jeremy Bentham zurückgehende konsequenzialistische ethische Theorie, nach der sich die moralische Qualität von Handlungen danach bemisst, wie sie sich auf die Nutzen aller Betroffenen zusammengenommen auswirkt. Nutzen wird dabei als Differenz von Wohlbefinden (*pleasure*) und Missempfinden (*pain*) verstanden.

Verursacherprinzip Engl. *polluter pays principle*; Bemessung der Verpflichtung zur Behebung eines Schadens nach dem Anteil an der Schadensverursachung. Häufig entgegengesetzt dem Leistungsfähigkeitsprinzip (engl. *ability to pay principle*), der Bemessung der Verpflichtung nach der Fähigkeit, zur Behebung beizutragen.